岩 波 現 代 文 庫

コブのない駱駝

きたやまおさむ「心」の軌跡

きたやまおさむ
Osamu Kitayama

文芸 337

岩波書店

目　次

本書内の写真について特に提供者の明示がないものはすべて著者による提供

はじめに――北山修による、きたやまおさむの「心」の分析

北山　修

切られの与三郎

まぶたのキズの巻

ぼくのわんぱく時代の事である。

昭和二十九年十一月三日。

ぼくにとって一生残る物が、出来た日である。「うれしかったかい」って、いやいやとんでもない、いやなことですよ。

ぼくと友人のS君と二人が、S君のお兄さんに連れられて当校に来た時だ。

S君のお兄さんは、学校の垣を指さし、「おれが先にぬけるから、北山次入れ」と云いながらやぶれたところをなんなく通りぬけてしまった。今度は、ぼくの番だ。

「よーし、えいっ」「あっあっ」セメントで作ってあるので、足がずるっ、ずるずる

> ……
> けんすいのつもりで、腕に力をいれて体を引き上げた。「あっ」うまく上ったのはいいのだけれど、かけてあった鉄条網に、まぶたを引っかけたのである。早く目をつむったからいいものの、遅かったら目をついていたところである。
> ぼくは泣いた。大声で泣いた。「なぜそんなに泣いたのか」って、その方が大げさに見えてみんなが、かついで行ってくれるからだ。
> 「わあーん、わあーん」目をあけてみたら家の中。「ナ、ナンニモセエヘンノニ、カッテニコロンデシモタ」と言ったとか。

これは、小学校の卒業記念文集に掲載された当時の私の作文で、まぶたの傷の由来を描いたものです（京都市立安寧小学校『文集』一九五九年三月卒業記念号）。「切られの与三郎」というのは、簡単に言ってしまうと、傷ついたことを売りにしているヤクザのことですね。「与話情浮名横櫛」という歌舞伎の演目に出てくる登場人物で、後に市川雷蔵主演で映画化もされています（『切られ与三郎』伊藤大輔監督、一九六〇年）。

いま、この作文を読みかえすと、すでにこのころから、私の〈特性〉がありありと描かれている気がします。自分がケガをしたことを紹介して、他人の関心を引こうとする傾向。しかも、そうして大げさに演じていることを、どこか冷めた目で書き、さらにそれを面白がっている「私」がいる。そのうえ、そうしたエピソードを、文化・芸術を活用して描き出し、背後にある心情を言葉にして、第三者である他人に伝える――。その後の私の活動も、そして、それから六〇年近く経つ現在の私の言動も、この文集の中の少年と、基本のところで大きく違っていないように思えます。

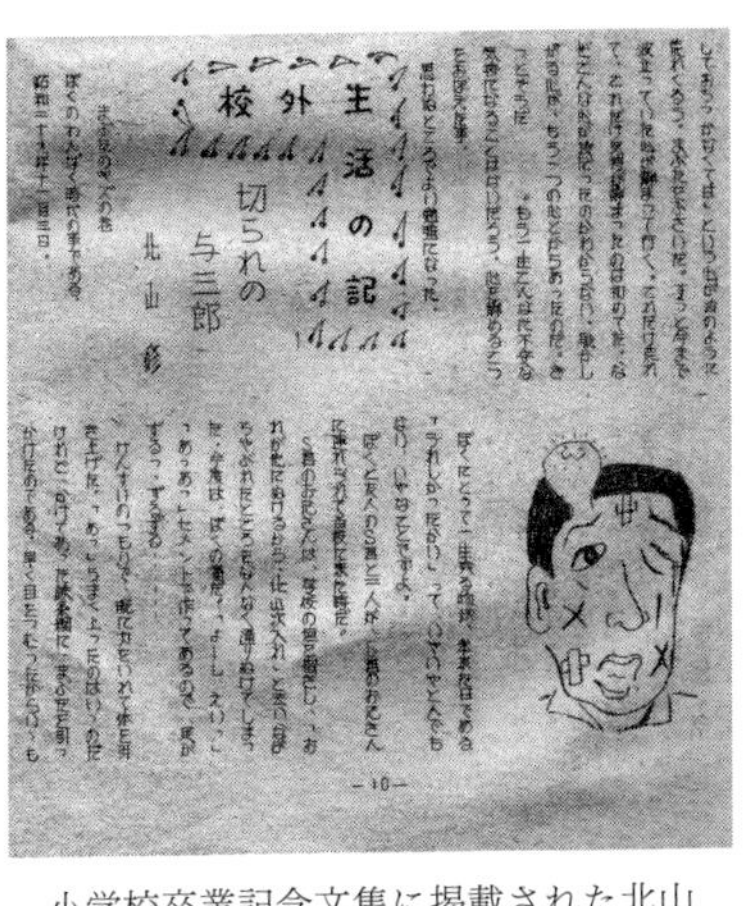
校外生活の記
切られの与三郎
北山修
－10－

小学校卒業記念文集に掲載された北山修少年の作文.

読者のみなさんにも思い当たることがあるのではないでしょうか。人は、対人関係をもつと、相手に向かって演じたり、あるいは、相手との関係にまきこまれたりします。その一方で、そうした「自分」を外から内からながめ記述して、ほくそ笑んだり、嫌味に感じたりしている、そういう「私」がいるでしょう。つまり、社会や人間関係という舞台に出て演じている部分と、それをながめて指示を出す演出家、あるいは評論家の部分の二つです。ケガをして泣いてアピールしている北山修少年。大げさに泣けばみんなが心配してくれる、という「下手な演技」を記述し、分析する北山修少年。作文にも、この二つの部分が見てとれるでしょう。

私は現在、「北山修」として精神科医を続けています。と同時に、作詞家として、ミュージシャンとして、ラジオのパーソナリティとして、あるいは、物書きとして「きたやまおさむ」の名で活動してきました。量的には少ないのですが、人前に出てそこで演じるパフォーマーの「きたやまおさむ」がいて、いまはそれを精神科医の「北山修」がながめて書いているわけです。さらには、患者さんの前で、精神科医「北山修」として社会に参加し活動している自分を、別の「私」がながめて考えてもいるのです。

この出演する自分についてながめて、その台本を読み取り、味わうという仕組みは、実は、人が生きていくうえで、とても重要なシステムなのです。だから私は、自らの人生をいわば「劇」のようにながめて考えてみることを「劇的観点」と呼んで、人びとに提示してきました。

人は、他人のふるまいを見て、「こうすればいいのに」と思うことができます。しかし、自分のことについては、なかなか自覚することができません。失敗し、傷つきながら、また同じことを繰り返してしまう。でも、「劇的観点」を取り入れることで、他人との関係や、そして何より自分との折り合いのつけ方を、もっと楽にしたり、生き方をよりましなものとすることができると思うのです。そうしたら、自己を極端に卑下したり、あるいは、逆に美化しすぎたりすることもなく、歪んだ自己像に苦しめられずにすむかもしれません。

だからこの本で、これから私が行おうとしているのは、「劇的観点」によって、私自身のこれまで生きてきた道のりを振り返ってみようということです。

私は、若いころフォーク・クルセダーズの一員として音楽活動を行い、その後、作詞家として、さらに精神科医、精神分析学の研究者・実践者として歩んできました。人前に登場し、歌をうたい、詞をつくり、あるいは、精神科医として患者の前で診察を行い、また、大学で精神医学に関する講義を行う自分。そんな出演する自分を精神科医としてどうみることができるのか。たとえばあのとき、なぜ、私はあのように行動したのか考えてみる。そのときの私の心の状態はどうだったのか。また、その起源はどのようなものか。どっちつかずで、あれやこれやと多面的に活動してきた私の生き方は精神分析の視点からみて、はたして、どうだったのか。自分にとってどういう意味があったのか、それともなかったのか、またこの意味づけという営みの意味はどのようなものなのか、と。

つまり私の人生を素材にして、私が深層分析を行うという、珍しい「自伝」の試みというわけです。

では、なぜ、そんなことを行うのでしょうか？　誰にとっても、本来の自分をそのままに受け止めることは苦痛でしかたありません。私もそうです。精神科医として患者さんの診察や面接をしている自分の声を録音して聞いてみると、自分が思い描いていたのと違う自己像にぶつかります。話の論理が一貫していなかったり、ばらばらで支離滅裂だったり、流暢に語れず、おどおどした口調だったり……。このようにがっかりさせられることが少なくありません。録音して聞いてみるなら、そもそも、私というものは自分の声を好きになれないものです。先ほどの、演技的な自分に出会うというのも、なかなか苦痛なことです。

というのも、ほとんどの人は、本来の自分の姿よりも少し良い、あるいは、かなり良い自己像をもっているものです。だから、自分の写真を見て惚れ惚れすることは、まずありません。写真うつりが悪いと思うのがふつうです。本来の自分はこんなはずではない。修正したい。その結果、現代では、撮った写真を次々と取捨選択し、良いものだけを残しているわけで、写真うつりが悪いとはもう言えなくなったのです。

性格や行動についてもそうでしょう。しかしながら、そのように、ナルシスティック（自己愛的）に自分を受けとめることは、生きるうえでジャマになることがあります。なぜなら、良すぎる自己愛的自己像では、私たちは本来の自分の姿を知ったとき、深く傷つくことになるからです。

ですから、自分の醜いところを含めたありようを自分のものとして受け止め、それについて考え、よりましな生き方を探してみたり、あるいは、「自分はあいかわらずだなあ」と考えたりすることが貴重だということなのです。私は、精神分析から多くを学ぶ精神科医として、そうした生き方を人に薦めてきたものです。

だったら、自分のこれまでの人生を、そうした視点で振り返ってみよう。そうすることで、読者のみなさんが、生きるうえでの何らかのヒントを獲得できるのではないか。また、私の試みを通して、精神分析学の知恵を学び、それがみなさんにとって生きることに役だつのではないか。さらに、少なくない人たちには精神分析を実際に受けていただくことにつながるかもしれない。そういう期待もあります。

それでも限界があります。私は、ここで本当のことは言わないかもしれない。いや、言えないでしょう。さらに人は、他者に出会わないと、自分の本来の姿を知ることができないという基本的な問題を抱えています。自分の考え方、欠点や弱点も含めた性格などは、他人が介在し、教えてもらって初めて認識することができます。

自分の外見や声などを記録し、映し出す機械は技術の発展とともに、どんどん精度が向上されていくことでしょう。しかし、自分の性格や生き方を映し出す機械を開発することは、永久に不可能なのです。なぜなら、自分というものは、私の目には見えないからです。しかも、人はそうしたものを隠したがります。相手の期待に応えて、〝いい子〟を演じている場合も少なくありません。

そうした性格の裏表や二重性を理解することは、精神分析の訓練を受けてふさわしい見識をもった専門家の役割でもあります。つまり、精神分析家も精神科医も、こうした適切に理解してくれる鏡を通すことによって、ようやく自らの性格を知ることが可能となるのです。

ところが、多くの人にとって、自分の性格を認識することになる、最初の他者は父親や母親でしょう。みなさんも、親あるいはその代理者から「おまえはこういう人だ」と言われて生きてきたのではないでしょうか。「のろま」「なまけている」「愛嬌がない」「大事なときに逃げる」などと言われたり、逆に「頭がいい」「特別の存在だ」などと言われてきたりしたかもしれません。そうした親の理解や言葉が、はたして、子どもの正確な姿を映し出せていたのか、どうか、という問題があります。子どもは、親の言葉や意見を反射板(リフレクター)として、自分の中に取り入れ、自己省察(セルフリフレクション)を行っていきます。

「白雪姫」に登場する魔法の鏡は、王妃の問いかけに「世界で一番美しいのはあなたです」と応えます。子どもの性格を映し出す親という鏡が、どういう鏡だったのか。この魔法の鏡のように良いところばかりを強調する鏡だったのか。あるいは、悪いところばかりを強調する鏡だったのか。それによって、自己像の認識が、人生の出発段階で大きく歪んでしまっている可能性もあります。そして、それがかなり歪んでいる場合には、強い自己卑下や自己嫌悪に苦しむことにもなり、逆に、過度にナルシスティックな自己陶酔に陥ることにもなります。そうなってしまうと、生きることが苦しく、あるいは難しくなってしまいます。

そうならないためには、より正確で、ましな自己像を獲得していく機会をもつことが大切です。その点においても、精神分析学の知見を活かしたり、精神分析学的な面接を受けることの価値を、私はここで説いています。

だから、この本では、私自身の幼少時についても振り返り、私はそもそも、どのようにセルフリフレクションを獲得していったのかについても、見つめ直してみたいと思います。特に幼少期の「心」が形作られていく過程を取り出し、「台本」がどう形成され、どのように「私」がそれを見つめて、自らを修正し、どう生きてきたのかを自ら考えるという、世界でもあまりなされたことのない試みに取り組んでみたいと思っています。

精神分析家は、当然のことながら、他人の心を分析することを仕事としています。その裏返しとして、「では、分析している当人である、あなたたちの性格はどうなのか？」

といった視線を向けられがちです。「先生は怒りっぽい」「お利口だ」「内面は傷ついているのではないか」などと、患者さんに言われることもあります。

しかし、精神分析家は自らを積極的に語りません。いや、そうしてはならないのです。精神科医の仕事は、自らが「白紙」になることによって、患者さんに自由に想像してもらい、正直に思うところを語ってもらうことが基本です。もし精神科医が「私はこういう人間です」と公言してしまえば、患者さんにとっては「白紙」ではなくなってしまいます。

だから、精神科医は自分を語らないのがよいし、本来は、語ることができないのです。患者さんにとって、自分に向き合っている精神科医がどのような人間なのか、といったプライベートなことなど、知らないほうがよいのです。親や親戚に精神分析をお願いすることができないのは、そうした点においてです。中途半端に知り合うことは、とかく偏見や誤解のもとですから。したがって、患者にとっては知らない人であるほうがいいので、精神分析家の本は、自分以外の人間について描いたものにならざるをえません。

ただし、この本で、私が自らの生き様を語ろうと決心したのは、私が年老いたからに他ならないのです。七〇歳を迎えて、そろそろ、そうしたことを語ってもよいだろうと思える心境が訪れてきました。それなりの年齢に達し、書物の中で自分の過去を振り返ることができるようになったのです。そして、自分の経験を語ることで、一人ひとりの患者さんを応対していることとは別に、この本を読んでくれる読者のみなさんが自分自身について考えるうえで、何らかの役に立つヒントを与えることができるかもしれない。精神分析への関心や理解を高めることができるかもしれない。そういう野心的な思いをも、いま抱きつつあります。

分析する専門家になってからは、つい先日までは自分を語ることはできませんでしたが、これは、特に若い精神科医にはできないことなのです。年老いたからこそできることなのです。もっとも、露悪的になるのも避けたいし、私も現役の精神科医ですから、語りきれないところがあることもまた、ご容赦いただければと思います。

ただし、これまでのことを長い目で見るなら、私は出演者であったころが長きにわたってあります。若いときからステージの上に立っていたので、おかげで心情を読み取るための分析素材には事欠きません。これをつなぎ合わせるなら、露悪的にならずに、素材としての自分を活用できる。

さきほど、「劇的観点」で人生を考え直してみることの大切さを指摘しました。その劇の比喩を使うなら、人生を劇としてながめ、その言動の基盤にある自分の「心」の台本を読み解き、その筋書きがあまりにも悲劇的なら(私たちのところに来る患者さんは、そうした方が多いのですが)、描き直す機会を獲得できるかもしれないという可能性もまたあります。

そして「劇的観点」を成立させるには、それを描き出すための言葉や文章が必要です。私は作詞家として、言葉の大切さを強く認識してきました。精神科医として、患者さん一人ひとりにふさわしい言葉を見つけ出すことを心がけてきました。精神科臨床における言葉の活用の面では、患者の人生物語を紡ぎ出すことを目標の一つにしてきましたが、それは作詞の仕事とも重なります。

「劇的観点」の実践を成立させる言葉として、比喩がとても役に立ちます。たとえば、タクシーの運転手さんに「あなたは、赤信号でも止まらない人だ」と言った場合、それは実際の運転のことではなく、その人の性格、生き様について比喩を使って描写しているわけです。あるいは、心臓を「血液のポンプ」と言ったりもします。このような比喩によって、本来は目にみえない身体の仕組みがわかりやすく理解できることになるでしょう。患者さんに、その性格や人生悲劇を説明する際にも、この比喩をうまく使うことが、医者には特に求められます。

実は、比喩をうまく使うことは、生きていくうえでも大切なことなのです。作詞家や物書きだけに必要な技術ではありません。比喩を使うことによって、私たちは性格や心情を描出し、うまく生きていくこともできるという可能性があるし、あるいは、比喩をうまく使いこなせないために、困難や苦境で極端に生きづらくなることもありえるのです。この本では、そんなことも具体的に示していきたいと思います。

さて、序論である「はじめに」の最後に、「心の三角形」という多焦点の心の見方について説明しておきましょう。この本でも、この見方を折々、使っていきたいと思います。

メジャーリーガーだったイチローは、よく「自分がプレイしているところを上からながめている、もう一人の自分がいる」といったことを語っています。また、私の敬愛する元東京ヤクルトスワローズの捕手で、選手兼任監督も務めた古田敦也は、日本プロ野球選手会の会長を務めていたときに、日本プロ野球史上初のストライキを決行します(二〇〇四年九月)。球団数の削減を視野に入れた球団の合併問題が起こり(大阪近鉄バファローズとオリックス・ブルーウェーブとの合併など)、これに対する抗議でした。このとき、古田は選手会長として背広を着て会議に出席しながら、グラウンドではユニフォームを着てプレイをしていました。試合を楽しみにしているファンがいることを知っている選手として、ストライキを決行することは、かなりの覚悟であったと思います。しかし、古田は「自分を応援してくれるもう一人の自分がいる」と語り、ストライキに突入していきました(そうそう、私が熱烈なヤクルトファンであることも、私を語るうえでは、欠かすことのできない要素です)。

この「もう一人の自分」を、私も感じることがあります。コンサートや講演の舞台に立つと、もう一人の「北山修」が私を斜め上から見ているのです。こうした経験は、観衆を前にした舞台に何度か立ってみると、落ち着いてくるにしたがい起こるものです。世阿弥が言うところの「離見の見」という発想にも通じるものなのかもしれません。舞台を見ている観客の視点で、演じている自分を見つめることを世阿弥は説きました。

もしこれを自らの人生に取り入れることができれば、出演者としての自分を見つめるもう一つの眼差しを認識することができるようになります。すなわち、自らの人生の観客、演出家、評論家としての眼差しです。この観客や演出家が非常に厳しかったりすると、自分を苦しめることにもなります。またそれがとんでもないことを考える者なら、誤った演出を強いられることがあるかもしれません。

よく、漫画でこんな場面があります。目の前に、自分のではないおにぎりがある。腹を空かした自分に対して、脇で「とってしまえ」という、悪魔のように囁くもう一人の自分がいるでしょう。同時に、「いや、おまえのではないから、やめておけ」という声も聞こえてくる。すなわち、心の中に第三者がいて、もう一つの声を発しているのです。人間の困難をこうした葛藤状況として考える見方は、とても精神分析学的なものなのです。

野獣のような欲望をもった内なる「自分」がいる。そして脇から、あるいは上から、

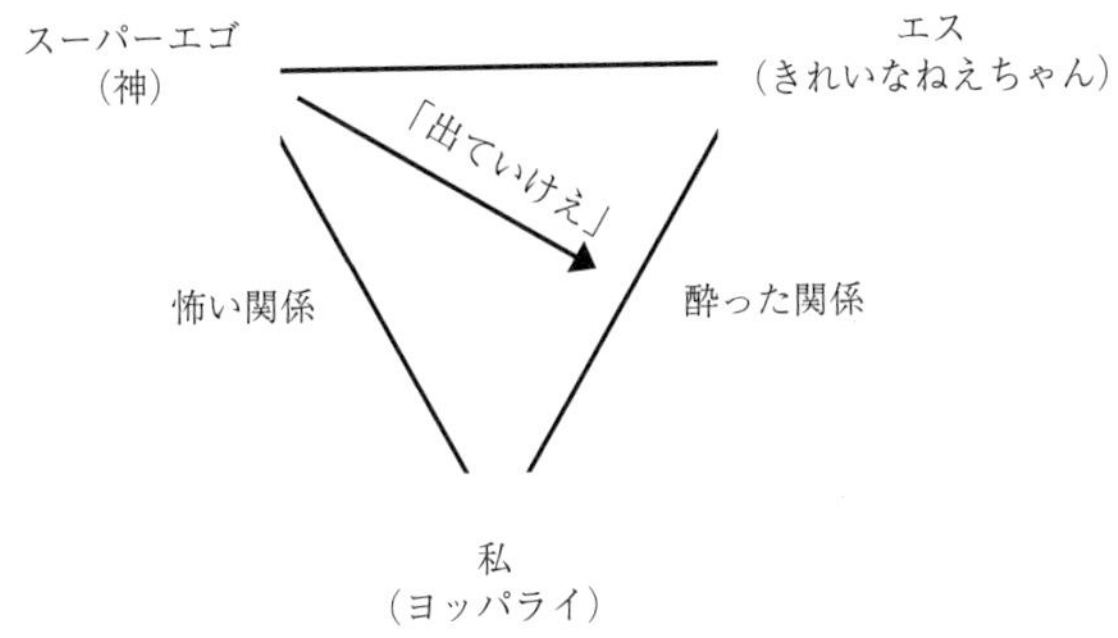

心の三角形(「帰って来たヨッパライ」をもとに).

指揮官として叱ったり命令したりする「自分」。この二つの間に身を置いて、その葛藤状況を生きている「私」。この三つが三角形となって「自分」の心的経験がなされている。これが、「心の三角形」という見方です。

もう少し専門的な言葉を使うと、内なる欲望や衝動、情緒などを抱えた部分を「エス」(独語で「それ」という意味)といいます。この「それ」は「欲望」「子ども」「動物」などが強調されることもありますが、むしろ「心」や「情」というほうが合い、だから私は時に「心情の分析」というわけです。日本語の「情」には欲望が含まれ、「欲望」より意味が広い。対するもう一つの心の焦点が、脇から上から、第三者的に「それでいいのか」と怒ったり、「こうしろ」と命じる良心の部分、「情」に対する理性や「知」であり、精神分析では「スーパーエゴ(超自我)」といいます。この「深層」や「心情」と「スーパーエゴ」とのせめぎ合いや折り合いの場所に、それを実際に生きている「自我」つまり「私」がいるわけです。そして心の中に、自らについての分析家がいるとすれば、これら三点を俯瞰(ふかん)的に見る著者の位置に立つのでしょう。

この三つの焦点の具体的な内容や質は、いろいろな場面で入れ替わり、状況によって表に出ていたり、引っ込んでいたりします。表では「スーパーエゴ」の監視下で〝いい子〟としてふるまっている自分に対して、背後では泣いている怖がりという「心情」があり、その間を取りもって生きている「私」がいる。そんな状況を思い浮かべれば、わかりやすいでしょう。

人によっては、パフォーマンスを行っている「自分」をうまく表に出す能力をもてずに、「本来の自分」すなわち「裏」の心情が生々しく表に出てしまう場合もあります。第三者の「スーパーエゴ」がうまく指導性を発揮できない場合もあります。逆に、ガチガチの「スーパーエゴ」が表にむきだしで出てしまい、「独裁者」そのものになってしまっているケースもあります。

もちろん、人それぞれですから、こうした「心の三角形」が誰にも当てはまるのかというと、そうとも言い切れないケースや状況はありえます。そして、実際のところは、その人にお目にかからないと絶対にわからないのです。ただし、私は、長年の精神分析で、この「三角形」の構造で理解する癖が身についており、それが広く有効だと実感しています。ですから、この本でも、その見方を使って、私の人生をとらえなおしてみることが多くなると思います。

こうした限界と可能性を、どちらも見渡したうえで、出演者としてのきたやまおさむについて、考える精神科医の北山修が語ります。私の中の三角形の三点をかみ合わせたり、束ねたり、解きほぐしたりしながら、ここに私についての著者による深層分析を展開できたら、と考えているのです。

第1章　戦争が終わって、僕らが生まれた

父親のカメラを構える(1957年，11歳のころ)．

幼いころ、私にとっては駅が遊園地でした。

京都駅近くに医院を開業した両親。時々は、忙しい両親の代わりに、隣のおばさんが私を駅に連れて行ってくれました。発着する汽車を見て、あるいは、いろんな人がごったがえしている駅前の人間たちを見て、喜んでいる私。泣いたら駅に連れて行かれ、誕生日だといっては駅に行き。大人たちとともにわくわくしながら駅の雑踏をながめているのが、私にとっては、最も幼いころの記憶です。

精神分析では、原初の体験が重要とされます。私にとっても、最早期の記憶であるこの光景は、その後の私に大きな意味をもっているようです。

一九四六年に生まれて

私が生まれたのは、団塊の世代が誕生する直前、一九四六年六月一九日。これは実に象徴的な数字です。受精してから赤ん坊が生まれるまで、昔の数えで十月十日(とつきとおか)と言われます。私の誕生日から逆算してみると、受胎は一九四五年の夏の終わりにあたります。日本が戦争に負け、戦争が終わった直後に、母親の胎内に私が宿ったことになります。つらく苦しい戦争の時代が終わった。これからは安心して子どもが育てられる時代が来るだろう。若い夫婦がそんな解放感とともに交わり、私がこの世に命を授かった。まさに、私は「戦後の申し子」とでも言えるかもしれません。

それも、生まれたところが、瀬戸内海の淡路島です。日本の神話にとっても重要な場所ですね。伊邪那岐（いざなぎ）と伊邪那美（いざなみ）がまぐわいをして、日本の島々、神々が生みだされた場所。もっとも、私が淡路島で過ごしたのは、ほんの半年ぐらいで、その後、すぐに京都へ引っ越しています。ですから、私の幼少期の思い出は京都からはじまります。

引っ越してからしばらくして、両親が京都駅前で医院を開業します。私が二歳ぐらいのころです。父は内科医で、母親は看護師兼受付、そして掃除係として医院の手伝いを一日中やっていました。忙しく働いている両親の代わりに、近所の人たちが私をよく京都駅に連れて行ってくれたことは、すでに述べたとおりです。

当時、木造だった京都駅。次に改築されたクリーム色の駅ビルを挟んで、現在の新しい京都駅（一九九七年竣工）にいたる三代の駅を見つめてきましたが、それぞれ趣があります。私は、いまでも京都駅を内から外からながめるのが好きで、中央改札口の上のテラスからながめると、中央広場で遊ぶ私の後ろ姿が見えてきます。少年は、乗降する年上の人間のように、自分もいつか出発するのだと感じていました。

そしてテラスから同時に見えてくるのが、あの炎のことです。これまで何度も本などに書いていますが、一九五〇年一一月一八日、木造の京都駅が焼失したことは衝撃的で

炎上する国鉄京都駅(1950年11月18日，提供＝毎日新聞社)．

す。私が拠り所にしていた駅が、メイドさんのアイロンの不始末で全焼したのです。自転車の荷台に乗り父の背中越しに見た大火災は、四歳の私に、ちょっとした間違いによって大事なものが焼失するという「はかなさ」を教えました。そして、京都を早く出ないといけない、出発するための駅が失くなってしまうのではないかという不安も強化されました。あのころ、火事は日常的な不安の対象でした。

重苦しく暗い空間の中で

再生した駅はすぐにできあがったように思います。私が幼少期を過ごした終戦直後の京都駅周辺は、にぎやかでありながらも、どこか暗く重苦しさが感じられる場所でした。

京都駅の前には西本願寺、東本願寺があり、さらに東山のほうへ行けば、びっちりと神社仏閣が立ち並んでいる。歴史や伝統があからさまに息づく京都には、歴史的な建造物など、年老いたものがたくさんあります。いま、東京の都心などを歩いていても、自分よりも年老いた建物などを見つける機会はほとんどありません。若く新しいものが次々と現れます。年老いたものに囲まれた空間は、同じく年老いた者にとっては、とても落ち着くものです。それは現在の京都の大きな魅力でもあります。

ところが、幼い者にとっては、それは必ずしも魅力とはならないものです。むしろ、幼い私にとって京都は、伝統や歴史が重苦しく感じられ、圧迫感やプレッシャーをいつも意識させられる空間でした。どこに行っても陰があり、闇や暗さがある。遊んでいても、いつも恐ろしい仁王様や仏様ににらまれているような恐怖を覚えていました。

一五世紀の室町時代に一〇年にもわたって続いた応仁の乱。その戦乱で流された血が、そして死の影が石畳の一つ一つににじんでいるなどと言われますが、そうした感覚は、幼心にもひしひしと伝わってきました。

しかも、そうした伝統や歴史がもたらす重苦しさと同時に、終戦直後という時代と敗北の意識もまた暗さに追い打ちをかけていたのでしょう。

広島、長崎に原爆が投下されたのは、つい数年前のことです。この原爆投下に対するおののきを、当時の大人たちは引きずり、かみしめていたのだと思います。あっという間に何万人の命を奪い、また長年にわたって被爆症状や罪障感によって人を傷つけ苦しめる原爆。

私には広島県の大朝町（おおあさちょう）（現・北広島町）というところで薬局を営んでいる親戚がいまし

た。その親戚には、私よりも年長の息子たちがおり、京都の大学に通うために京都市内に下宿していて、よく我が家で父親と酒を酌み交わしていました。彼らや親戚たちが、原爆投下の前後に広島市に行ったときの状況などを話してくれ、幼いころからよく聞かされていたと思います。

父は戦前から戦後への価値観の劇的な変化を目の当たりにして、大きなショックを受けていたのでしょう。特に、新聞や書物の中に書かれていることの、終戦を挟んだ極端な変化に批判的でした。マスコミ嫌いで、人間には必ず裏がある、「絶対」ということを信用してはいけない、と考えていた。医師としても、人間が科学をもし誤った方法で使用すれば、全人類を絶滅させてしまうこともできてしまうのではないか、といった思いを抱いていたようです。

父に限らず、そうした終戦直後ならではの不信感を、大人たちは確かに感じていたのだと思います。そして、そうした大人たちが抱える心情は、幼い私たちの心にも暗い影を落としたのでした。

さらに、夜の訪れとともにやってくる駅前の静けさも、焼失の記憶とも重なって、幼少期の私に不気味さを感じさせていました。昼間は、人ごみが激しく、にぎやかで、喧騒に満ちている駅前。そこには、いろいろな種類の人たちが生きていました。物売りがいたり、物乞いがいたり、傷痍軍人がいたり。また、濃い化粧をほどこし、派手な格好をした娼婦たちが駅前でたむろしているのもよく見かけていました。彼女たちが男とももめたり、あるいは、彼女たちをめぐって、男たちがもめたり、ということも見かけました。そんな昼間の混沌とした、駅前に展開している雑踏のにぎわいが、夜になると嘘のように消え、まるで町が死んだように静かになる。みんな、どこに消えたんや、と胸中でつぶやいていました。

駅の周辺と同様、「世界」の表はにぎやかで、雑多でありながら、その裏で、どこか重苦しさ、暗さが確かに漂っていた。調子の良さと暗闇、清浄と醜悪、そんな表裏のある二重性を体験しながら、私は幼少期を過ごしました。

生き残りの罪悪感とともに生きていた父

医院を営んでいる家では、平日は専ら父と母が忙しく働いていました。そんな父と母の背中をながめながら、私は一人で過ごすことが多かったのだと思います。私が五歳のころに妹が生まれましたが、幼いときは遊び相手にならず概して孤独だったと感じています。

父は内科医でしたが、父の姉、つまり私にとっての伯母は眼科医でした。そして、私も現在、精神科医なので、医者の家系であるかのように思われるかもしれません。ところが、医者となったのは、父の代からです。

父の父親、つまり私の祖父は広島の北、島根県の浜田で商売をやっていたそうです。ところが、商売に失敗して、夜逃げ同然で家族を連れて町を出た。浜田には極楽寺という寺に北山家の大きなお墓がありましたが、そことも縁を切って無縁とし、寺とは連絡を取らず数十年、過ごさざるをえなかったといいます。

たどり着いた京都でも政治にまで手を出し失敗した祖父は、手元に残った最後のお金を子どもたちの教育に投資しようと考えました。そして、二人の子ども、つまり私の父と伯母を医科大学に入学させたのです。

父は、後に私にも医者になることを勧めるのですが、父にとっては医業というのは生き延びるための方法なのだという、心の底からの考えがあったようです。

というのも、父は戦時中、従軍医として満州に配属されました。ところが、自身が結核を患い、本国へ送り返されることになった。その後、父の所属していた部隊は、南方戦線へと送られ、壊滅したといいます。

満州ですから、激しい戦闘には巻き込まれていないはずです。戦場で負傷したり、病を患ったり、あるいは命を落とした兵士たちを、父は軍医として空想したのでしょう。そして医者だったから、自分は戦争で死なずにすんだ。そのうえ、病気のおかげで生き延びた。京都という町もまた、他の町を犠牲にして生き残っていく。いつも父には、そんな光景が重なり合って見えていたのだと思います。

当然のごとく、父は、自分が戦争を生き延びたことに、大きな罪悪感を覚えていました。生き残った者が抱く罪悪感を「サバイバーズ・ギルト」と呼びますが、父の生き方からは、それが強く感じられました。罪悪感というよりも罪障感というほうがいいような、心の「邪魔」だったと思います。

そのために、戦後の父は体に鞭打って、身を削るようにして、医者の仕事に専念していました。日曜日も休日も、患者のことを心配している。酒を飲んでいても、病気のときも、旅行先でも、くつろぐことがなく、患者から連絡があると、とたんにシャキッとなりすぐに応対する。父の心の底には、戦友を見殺しにして、生き残った自分が楽をしてはいけない、という思いがあったのでしょう。

医者である父が，母を患者のモデル役として診察しているところ．

自分自身に、そして周囲に、とても厳しい人でした。「はじめに」で紹介した「心の三角形」(15ページの図)でいえば、「スーパーエゴ」のとても厳しい人間だったといえるでしょう。

フォーク・クルセダーズの「帰って来たヨッパライ」では、死んで天国に行き、ねえちゃんと遊び呆

当時使っていた電蓄．載っているレコードは小坂一也とワゴン・マスターズ『シックスティーン・トンズ』．いまも大切に保管している．

けているヨッパライが、神さまに怒られ、天国から追い出されてしまいます。「なあおまえ、天国ちゅうとこはそんなに甘いもんやおまへんにゃ　もっとまじめにやれ〜」と邪魔が入る。まさに父は、「出ていけえ」と言うこの神さまのような人でした。遊ぶことが嫌い。というよりも、長く遊んではいけない、いつまでも遊んでいるわけにはいかない、そんなメッセージをいつも撒き散らしていました。

そんな父にとって、唯一といってよい楽しみが音楽でした。我が家には、それほど高価なものではないのですが、当時まだ珍しかった電蓄(電気蓄音機)があり、父はクラシック・レコードを集めていました。なかでも、ベルリン・フィルハーモニー管弦楽団の常任指揮者フルトヴェングラーのレコードがお気に入りで、よく聴いていました。

また音楽を聴くだけではなく、歌うことも好きで、誰もいない診察室で独り言のようによく口ずさんでいたことも思い出します。「リンゴの唄」(作詞：サトウハチロー、作曲：万城目正(まんじょうめただし)。並木路子が歌い、戦後ヒットした)などをよく歌っていました。「リンゴの気持ちはよくわかる」のフレーズが大好きで、カルテ整理の際これを歌っては、後に続けて「ああ、いやになっちゃったなあ」とおどけた調子で厭世的な台詞を言っていました。

先述したように、私は、京都の昼のにぎやかさと、夜の暗さという二重性を感じながら、幼少期を過ごしていました。その明るさと暗さの二重性は、父にも強く感じられました。患者さんがたくさん訪れ、にぎやかな雰囲気で診療をしながら、その一方で、サバイバーズ・ギルトを抱え、暗さを引きずっている。こうした明るさと暗さのコントラストが、次第に私の周囲に満ちていきましたが、不気味なその全体は理解できないでいました。

遠くを見ている母

そんな父を、母は献身的に支えていました。医院の会計、薬の手渡しから雑用まで、母も働きづくめでした。母も父と同様に、遊ぶことを知らない人でした。もっとも、こうした生き方は、父や母に限ったことではなかったとも思います。当時は、みんな家族のため、日本のために、あるいは自分のために一生懸命だった。一生懸命働くことが徳であるという考え方が、ごく当たり前だったのです。

皆がとにかく忙しく働き動いていた。そして、何より「注意を怠ると死ぬかもしれない」という必死さが伝わってきました。特に自宅開業の内科医である父を、献身的に支えた母は苦労も多く、自分らしい生き方をすることができなかったように思います。

私が四、五歳のころだったか、母が泣いているのを私が見上げていたというのが記憶に残っています。両親は毎朝早くから医院の仕事で忙しかったから、父の母、つまりおばあちゃんが私や妹の面倒をみてくれた。このおばあちゃんが、母に対して厳しくあったこともあったのでしょう。医院の仕事に加え、姑や私たち子どもの世話などで疲れきっていたのかもしれません。母は窓の外を遠い目でながめながら、よく涙を流しているように見えました。悲しみに暮れて、どこか遠くを見ていたのでしょう。私は、それが「どこなのか」を考え、そこに思いを馳せました。

ここではない、どこかへ——駅と私

父も母も、本来的な「心情」では、働きづくめの人生から逃げたいともがいていたのでしょう。でも「スーパーエゴ」が上から、外から、こういう生き方をしなくてはいけない、と抑えつけて逃げ出せなかった。逃げたいという気持ちを解放してしまうと、邪魔な罪障感が異物のごとく生まれるのです。そんな両極に引き裂かれるような痛みと葛藤。両親は、それを感じながら押し殺して生きていたのでしょう。

こうした医者の家庭に育ちながら、私は、将来、自分が仕事をすることになっても、こんなに働きづくめの生き方は嫌だな、と思うようになりました。また特に意識していたのは、押し殺したような声や奇怪な表情で迫る神社仏閣の脅かし、そして闇、暗さ、死、それらが嫌いでした。当然のことながら、身近な「日本文化」の醸し出す、怖い意味、暗い意味が嫌だった。軽い気持ちで遊ぶことや、楽しんで、楽をすることにあこがれ、そのことを夢見るようになりました。

暗く、重苦しい京都。そこにあって、生々しい、生死を扱う医院の醜悪。それに働きづくめで、自分をなかなか解放することのできない両親。いつか、こんな環境から逃げ出してやろうという気持ちが幼い心の中に芽生えていきました。

駅からはいろいろな行先の汽車が出ている。汽車に乗れば、ここではない、どこかに行けるんだ。この環境から逃げることができるんだ――。駅をながめながら、そんなことを考えたりもしました。駅の向こうには、駅から汽車に乗っていく先には、きっと、こことは違って「楽しい場所」があるにちがいないと。

私は、いまでも駅が好きで、外国を訪れたときなども駅をまず観光します。ニューヨークのグランド・セントラル・ステーション、ロンドンのヴィクトリア・ステーションなど、好きな駅はいくつかあります。なかでも最も好きなのが、ヴェネチアのヴェネチア・サンタルチア駅です。ここは、列車で駅に到着すると、目の前に水上タクシーのゴンドラがとまっていて、そこに乗り込むことができる。まさに、遊園地のような駅です。

私は大人になってからも、どこか自分を駅と同一化しているようなところがあります。

駅は人と人が交わり、休んで、そして次の行先を考えるところです。音楽家や作詞家、あるいは精神科医としての仕事は、こうした駅の機能に重なるようにも思います。人が次の列車を待つための乗換の駅、しばし休んだり、隣の人と交流するための待合室。そして、旅にいっしょに出かけるのではなく、その人の新たな旅立ちを見送る。もちろん、喜びだけではなく、悲しみや怒りを伴う別れもあります。

私の中に駅があり、自分はその駅にやって来た人たちに旅の案内をする。そんな自己イメージが、自分の心にずっとあります。

落ち着かない環境の中で

精神分析医は、主に人の心の中を重視する立場と、心の中だけでなく、人が育った環境も重視する立場とに分かれます。潔く割り切って、何かにはっきり焦点を当てるのではなく、私は後者の立場をとっています。心の中も環境も、両方が人の成長に大きな影響を与えているという考え方です。

「寝る子は育つ」ということわざもあります。寝る環境さえ整っていれば、安心して依存する子どもは自然と育つのかもしれません。私もこの考えを採用しています。

人間の成長が環境に依存しているということをもう少し原理的に考えてみましょう。人間は他の動物に比べると、実に未熟な存在として生まれてきます。他の動物は、生まれてすぐに立ち上がることなどができますが、人間の赤ちゃんは自分一人では何もできません。誰かの助けを得なければ生き続けることができないのです。人間が進化して直立歩行していく中で、産道が狭くなり、脳が小さいうちに生まれなければならなくなったからです。本来ならまだ子宮の中にいなければならないのに、未成熟のまま子宮外に押し出される。このことを生理的早産とも呼びます。

身体も未熟なだけでなく、心も未熟なのです。多少なりとも言葉を話せる時期になっても、誰かにその態度や身振りの意味を読み取ってもらわなければ、自己の欲望を実現したり身を守ったりすることができない。

このように、未熟な人間は成長する過程で環境に依存し、環境に振り回されながら生きていかざるをえません。にもかかわらず、環境の世話になりながら、それを自分一人で成しとげたと思い込むのが「ナルシシズム(自己愛)」の状態で、それは必ず裏切られるのです。

では、私が幼少期、育ってきた環境はどうだったのか。それは、ここまで述べてきたように、まったく落ち着くことのできないものでした。

私の両親にしても、自分たちのことが大事だと思っていても、自分の本来の気持ちや欲望を隠し、そのときの環境に振り回されて生きていました。遊ぶことなどなく、とにかく働き続けた。そういう状況や生き方を、苦しそうだなあと思って見ていましたし、自分自身にもその苦しみや悲しみがひしひしと伝わってきました。そして、もしかしたら、私もそういう生き方をすることになるのではないか、という恐れも感じていました。

しかも実際のところ、駅前で医院をやっているという環境ですら、恐怖や死の不安を身近に感じさせるものでした。

たとえば、ヤクザが麻薬をほしがって乗り込んできたこともありました。たまに治療に使用する薬として、金庫にしまってありましたから。祖父が結核にかかり、父が家で治療していた時期もあったようですし、また進駐軍が町にやってくるというときには、当時独身だった伯母は毒薬を懐に忍ばせていたというのも医家だからのことでしょう。

とくに恐ろしい記憶として残っているのは、四、五歳のころの出来事です。米軍の兵士の子どもを妊娠した女性の人工中絶を、父が施行したという疑いをかけられ、ＭＰ（ミリタリー・ポリス）に連れて行かれたことがありました。そして、父は一晩戻ってこなかった。あのときの恐怖は忘れられません。

他の暴力沙汰、男女の色恋沙汰など、いろんなことが医院にもち込まれます。それをさばくのが父の医者としての仕事でもありました。いわば、そのコミュニティの「裏側」を取り扱う仕事です。おかげで喜びもありましたが、総じて地域の複雑な不幸を引き受けるような仕事です。人びとが抱えている生々しい「真実」と付き合いながら、「裏」で取り扱い、時にはそれを墓場までもっていかなければならない。

「お医者さんとこのボンボン」と呼ばれたこともありますし、いまでもそれで羨まれることもありますが、人の不幸な秘密を預かる医家という特殊性は、なかなかこれを他人とシェアできないので孤立を強いるのです。

駅前に内科医院があり、しかも家の中に医院がある。そのおかげで、得もしましたし、面白いこともありました。実にドラマチックでユニークな環境です。そのうえ、終戦直後という時代の中で社会全体が変化に満ち、不安定な環境だったのだといえるでしょう。

さみしさと怒りから救ってくれた音楽

両親がそこにいるというのに、目の前にいない。それで、私はさみしさを抱えていました。待合室に患者さんがたくさんいると、両親が忙しくなるということを知っていました。患者の数が減れば、両親がやって来て相手をしてくれる。だから、私と妹は、医院の玄関にある下駄箱の履物の数をかぞえては、減るのを楽しみにし、それが増えなければいいなあ、と毎夜のごとく考えていたことを思い出します。そして私は、いまから考えるなら、患者さんが羨ましかったのでしょう。

代わりに与えられた保護者として、隣や近所のおばさんたちは理想化されましたが、どこにも連れて行ってくれない祖母には気の毒なことをしました。よくいっしょに寝ていたと思うのですが、クソババアなどという悪口雑言で悪態をついて怒りをぶつけていました。

こうした私のさみしさや怒りに、両親も気づいたのでしょう。父は私にレコードを買い与えてくれました。小学校に入ったころのことです。前述のように、我が家にはすでに電蓄がありました。また、ラジオも聴かせてくれました。これらが、私のさみしさを埋めることになります。そして、私は音楽の声や音の作り出す世界に惹かれるようになっていきました。

イギリスの精神分析家ドナルド・ウィニコットは乳幼児が特別の愛着をもつぬいぐるみやおもちゃなど、主に無生物の対象を「移行対象」と呼びました。私にとっては、レコードやラジオから聴こえてくる音楽が「移行対象」だったといえるでしょう。

私が愛した一番古い歌は、灰田勝彦の「野球小僧」(作詞：佐伯孝夫、作曲：佐々木俊一、一九五一年)のレコードだったと記憶しています。野球は、当時の少年たちの憧れの的です。それから、和製ポップスへと関心が向かっていきました。小坂一也とワゴン・マスターズの「シックスティーン・トンズ」(作詞・作曲：マール・トラヴィス、一九五六年)などは大好きで何度も聴きました。原曲は、アメリカのカントリーシンガーであるテネシー・アーニー・フォードが歌い、一九五五年に全米一位となり、ゴールド・ディスクを獲得しています。小坂一也はそれを英語の歌でカバーしていました。炭鉱労働者をモチーフにした歌です。炭鉱の辛い仕事からなかなか逃げ出すことができない状況を歌っています。この歌詞に、私は当時の父や母の状況を重ね合わせながら聴いていました。

このように、かなりの欲求不満を抱えていた私の最初の突破口となったのが軽音楽だったのです。軽音楽は、文字通り私が身を軽くして世界と向き合うための一つの情緒的な「はけ口」、あるいは「架け橋」となりました。

私が音楽と出会い、音楽に惹きつけられていったきっかけは、家の外にもありました。京都駅前のホテルを進駐軍が宿舎としていて、ジープに乗った米兵が出入りしていました。私たち子どもは、米兵が運転するジープを追いかけ「ギブ・ミー・チョコレート」とねだるわけですが、私は近所のガキ大将などと結託して、どこで声をかければジープがブレーキをかけて、チョコレートをくれるか、作戦を練ったりしました。「ギブ・ミー・チョコレート」というのが最初に覚えた英語ですね。

そして、ジープを吸い込んでいく進駐軍専用の駅前ホテルからは、ジャズやポップスなどの音楽がガンガン流れていました。

古い、重苦しい環境の中で、ホテルから聞こえてきたアメリカの音楽はとことん明るく、とても輝いた存在でした。死んだような文化環境の中で、この軽くて、生き生きしたものに、私は強く魅了されました。こうした、明るいあちらと暗いこちらの間でコントラストの際立つギャップの経験もまた、私が音楽に惹かれていった背景にあります。音楽を聴くことが、重苦しい環境の中にあった幼い私を、明るい世界への「橋渡し」として救ってくれたのでした。

本当にほしかったものは

もちろん、こうした軽音楽との出会いが、その後、私が音楽活動に進むきっかけの一つとなっています。しかし、音楽によって救われたとはいえ、私が本来、ほしかったものが手に入ったというわけではありません。

私は両親にかまってもらいたかった。でも、両親は忙しくてそれができずに、音楽を私に与えた。本来的にほしいものの「すり替え」として魅力的な音楽が与えられたわけです。

赤ん坊は母親のおっぱいがほしかった。でも代わりに脱脂粉乳というまずいミルクが与えられた。赤ん坊はお腹をすかせていたので、それに飛びついた。

当時、進駐軍のホテルから聴こえてきた音楽が「まずかった」というわけではありません。京都のお寺などから聞こえてくる読経の声などよりも、圧倒的に明るく、輝いていたし、生き生きとしたエネルギーが感じられました。それでも、ただ一方的に流れてくるものは、本来的にほしいもの、そのものではなかったことは確かなのです。

テレビで戦争の様子を報道しているのを観て、私たちは戦争を知ったような気になる。でも、実際に戦場を訪れているわけではないし、あるいは、報道されているのは戦争という現実の一部分、あるいはコピー（複製）でしかありません。また、テレビでレポーターが、おいしそうにグルメ・レポートをする。それで、私たちも食べたような気になっているけれど、実際には何も味わっていない。そうしたことに気づいたとき、私たちは「裏切られた」、あるいは「空しい」という気持ちを心の中に抱くことになります。

本当のことではなく、他の代替物によってすり替えられている。本当にほしかったのは、両親とゆっくり、のんびりと交流する時間だったのに、それは与えられなかった——。

こうした経験は、患者さんとの面接の中でもよく出遭います。私にとっても、結局、忙しい両親、つまり愛の対象が戻ってこなかったことが、私の心の奥底にさみしさと怒り、さらには空虚感を募らせていきました。

もちろん、私のケースはまだましな不幸であり、それを癒し埋めるための替りが見つかったことだけでも感謝しなければならないのです。

第2章　「オラは死んじまっただ」の思春期

叔父に借りたギターを抱えた著者と妹(中学生のころ).

私の名前は「修」。これは、眼科医だった伯母が付けてくれた名前です。学業を修める。修業をする。まさに勉強するために生まれてきたような名前です。実際、後に私が大学教授になったときに、とても喜んでくれたのが名づけ親の伯母でした。子どものころの私は、周囲の期待に合わせて〝いい子〟を演じているようなところもあり、それが嫌で仕方なかった。思春期を迎えるにつれ、〝いい子〟を演じている自分に対して、はっきりと窮屈を感じるようになります。

そうして、中学・高校生のころには、そんな優等生とは対照的な部分がはみ出してくるようになっていきました。半分は問題児であり、よく風紀委員などに目をつけられていました。注意散漫でおっちょこちょい。苦い思い出が残りますね。

自分の中の二面性

駅前医院で忙しく働きづくめの両親のもと、不安定な環境で幼少期を過ごした私は、しかしながら、そうした環境に依存して生きていかなければならず、それに合わせることも、意図せずに学んでいたのでしょう。周囲に合わせて生きる〝いい子〟を演じているところがありました。でも、その一方で、この環境から脱出したいと願い、現実の暗さや鬱陶しさを忘れさせてくれる音楽に惹かれている自分もいました。

周囲に合わせて適応しているようでも違和感を覚え、うまく適応できていない感覚があり、しかも、嘘をついているようで自分に対する不信感もぬぐえない。心の底から周囲のどの世界とも一体化できない。そんな自分の中の二面性について、私はずいぶんと早くから気づいていたように思います。そして、幼いころから、場面場面における、その使い分けをある程度はこなしていたのだと言えましょう。

こうした二面性の気づきや、多面な使いこなしは、思春期の私の自己形成や人格理解に大きな意味をもたらしていたと思います。

前章でも紹介した精神分析家のウィニコットは、人間の中の二面性を「偽りの自己と本来の自己」という概念で分析しています。人は周囲の環境に何らかの形で適応できなければ、生き延びることはできません。また環境は変動し、人は幼いころ適応に向けて「しつけ」をなされることになります。そのうえ、乳児期から幼児期へ移行していく中で、いままでは思い通りにならなかった身体が徐々に自分の思い通りになっていく。少しは自分で自分をコントロールできるようになる、その過程で、外からの「しつけ」がなされ、社会に適応していくことを学んでいくのです。食事のお行儀やトイレット・トレーニングがその典型ですが、排せつする場所が決められたり、食事をする方法や時間が決められたりなど、しつけられていきます。まるで、しつけ糸で布と布が縫われるように、自分と社会とが縫い付けられ、自分の裏と表が結び付けられ、窮屈に貼り合わされていく過程です。

ここで、社会的に適応して生き延びるのに完全に成功するなら、私たちは「本来の自己」を封じ込めてしまい、さらには、自分自身を内と外に引き裂くことにもなってしまう。もちろん、人はみな対外的にふるまっている自分と素顔の自分の両面をもって生きています。ところが、この二つの「自分」をうまく連携させて、渡すことができなくなると、さらにはそれぞれが別の人格となり独立してしまうと、二重人格、多重人格となってしまいます。

また、「本来の自己」をとことん殺してまで適応してしまう人もいます。過剰適応といわれるもので、他方で自分の身体を傷つけたり、自分を殺してまでして、世間に、周囲に奉仕しようとするタイプもあります。

家に帰っても、仕事のことばかり考えて、実際に仕事ばかりしていることになる。休日なのに、仕事のことが頭から離れず、まったくくつろげない。骨休めに温泉に行っているのに、次の日の出発のことばかり考えてしまう。こうした症状は、日曜神経症などともいわれます。

私の両親は、まさに過剰適応、日曜神経症といえるようなタイプで、私も半分はそういえる状態でした。

「遊び」の重要性

適応していく自分と「本来の自己」。その二重性は、その間にどれだけ重複や「遊び」の部分があるかによっても、深刻さは決まります。たとえば「しつけ」をされ、外部に適応していくことによって、内側では窮屈になり、どんどん「遊び」の部分がなくなっていきます。つまり、無駄や余裕がだんだん許されなくなって、本来的な自分は殺されていく。その際に、その間にどこまで「遊び」や無駄、余裕の部分を確保できるか、内と外で安息の時間を確保できているか、によって人格が変わってくるのです。

昼間忙しく働いて、家に帰ってくれば寝るだけ、というような人がいます。一方で、昼と夜の間に、「遊び」の部分を確保している人もいます。仕事だけでもなく、食べる、寝る、といった生理的な部分だけでもなく、それらとは関係のない時間をもてている人。内的にも外的にも道草できる領域をもっている人といってもよいでしょう。そうした休息や趣味の領域を確保していることが、実は、人間の健康や創造性にとっても大切なのです。

たとえば、車の仕組みなどを考えても、ハンドルには「遊び」の部分があります。運転手がハンドルを切っても、それがそのまま直に車の動作に反映されるのではない。ハンドル操作と車の動作の間に余裕をもたせているのです。そうしないと、逆に事故が起きやすい。機能的に「遊び」があることが、危険を回避しているわけです。

これは人間の場合も同様で、「遊び」の部分がないと、葛藤や摩擦のために苦しみ悩まされ、心は安心できません。特に幼児期や思春期の時代に、内と外の葛藤や摩擦にさいなまれながらも、これを処理するための方法として、自分を遊ばせることができたのか、余裕をもって過ごせたかどうかは、人格の形成に大きな影響があるといわれます。その後の心身の健康や創造的な生き方にもつながりますね。

もっとも、学問的に、心理学でこうした「遊び」の重要性が指摘されるようになるのは、一九五〇年代以降になってからのことでしょう。それ以前には、そうした価値観はまだ見出されていなかったと思います。

救いだった伯母の存在

環境に過剰に適応している両親のもと、私もまた環境に適応している〝いい子〟を表面的には演じていました。しかし、そうした私にとって解放をもたらす存在がありました。

一つには、前章で述べたように音楽です。後に述べますが、幼いころから音楽を聴くことに楽しみを覚えた私は、高校生のときにギターを手に入れ、バンドを組んで自ら演奏することに楽しみを覚えていきました。この遊びでは、プロのミュージシャンの演奏をコピーするだけなら単なる逃避でしょうが、ここから新しいものを生み出すなら創造といえそうです。

そして、もう一つの遊びとして、関西における何よりもの救いは、吉本興業のお笑いです。言いたいことを言う、横山ノックさんらの毒舌の漫画トリオは私のアイドルで、憧れでした。小学生だったと思うのですが、京都花月という劇場で二回ほど観た漫画トリオは、エッチで暴力的でワクワクさせられました。「どたまカチ割って、ストローで血ィ吸うたろか」の秀逸なフレーズで、私はライブの面白さを満喫させられていました。

こうして幸いにも、私には公共の大衆文化の中にはけ口があったのです。これを提供する環境があった。逆にこれが目の前にないなら、公共ではないもの、つまり禁じられた薬などに手を出してしまうこともありえるのです。

さらには、眼科医の伯母の存在です。伯母は、〝いい子〟を演じることに窮屈さを感じていた私を解放してくれる「窓」でもありました。私を駅だけではなく、駅の向こうにまで連れて行ってくれる存在といってもよいかもしれません。

伯母は、その昔、親や親戚の反対を押し切って、好きになった既婚男性と駆け落ち同然でとび出して結婚したといいます。にもかかわらず、三重県で子育てをすますとさっさと離婚してしまいました。こうしたエピソードが示すように、自分の思うところに自由で、奔放に生きている女性であるように見えました。

両親のような生き方との対比においても、私は伯母の性格、生き方、そして趣味の楽しみ方にも憧れを抱きました。それは、私にとっては、もう一つの生き方を示してくれているようでもありました。

彼女は芸術に関する教養があり、山が好きで、立山の周辺にマンションを別荘として買って山歩きを楽しんでいました。

小学生、中学生のころ、私はよく三重県津市の伯母のところに行って海で従兄弟たちと遊んでいました。彼女は絵画の趣味もあり、あるとき、三重の家の奥にあった本棚に、女性ヌードの写真集が何冊も置いてあるのを見つけました。おそらく、ヌードの絵を描くための資料だったのでしょう。思春期の男子には、こうしたことも大いに性的に刺激される出来事でした。

私に「修」という名前を与えた医師でありながら、彼女は女性として自由に生きている。「修」という名前にとらわれない逸脱した生き方を、彼女自身が示していた。そんな両面性も、私にとってはどこかモデルとなったように思います。

中学・高校にトップで入学したけれど……

私が中学・高校時代を過ごしたのは、京都市にある私立の洛星(らくせい)中学・高等学校です。カトリック系のミッション・スクールで、当時も今も進学校として知られています。もっとも、私は一九五九年に入学した八期生でした。一九五二年に開校したばかりの新しい学校だったので、それほど大学進学にばかり熱心な学校というわけでもありませんでした。

卒業生には医師や学者なども多く、後輩では一〇期下に批評家の浅田彰くんなどがいます。浅田くんは、新進気鋭の学者だったころ、私に難解なジャック・ラカンの知恵をわかりやすく教えてくれた人です。

洛星に入ったのは、特に私の意思ではありません。父親が知人から「自分の子どもを将来、医者にしたいのなら、進学校としてちょうどいい学校ができたよ」といったことを聞かされたようなのです。こうして父親の勧めで、私はこの学校を受験することになったのです。

実は、私はこの学校にトップの成績で入学したと聞いています。ところが、これには「裏」があります。入学に際して、学力テストと同時に、知能テストが課されていました。洛星は人格形成と勉強と両方を重視する学校だったので、知能テストもかなり重視したようです。

この知能テストというもの。事前に練習しておくと、実際のテストでも勘がよく働いて、点数が上がるようなのです。そのことを父はどこからか聞いてきたのか、受験の前に、父とその練習を何回かやったことをおぼろげながら覚えています。

それが功を奏したのか、一二〇—一三〇人が入学した中で、いきなりトップの点数だったらしいのです。もっとも、本当にトップだったかどうかは別として、上位で入学できるぐらいの学力はあったとは思います。私はまだ〝いい子〟の「修」でしたから。トップで入学したから、親や学校の私への期待はものすごく高かったのですが、それは長続きしませんでした。私の成績は、すぐに下がり、一年生のときには三〇番目ぐらいまで落ちてしまいました。

後述しますが、私は生まれつき目に障害がありながら、そのことに気がつかず、本を読むのがただ苦手でした。ですから、目ではなく、耳でいろいろな知識を取り込んでいました。勉強が進むにつれて、〝耳学問〟では通用しなくなった。その結果、成績もすぐに落ちてしまった。そういう、ごく当然の成り行きだったのでしょう。

絶対者との出会いと二律背反

洛星はカトリック系のミッション・スクールです。

人格形成も重視しているため、校則などもとても厳しい学校でした。当時は、息苦しく、大嫌いな学校でした。卒業したときには、私をトータルに受容してくれないので、もう二度と戻ってくるか、とさえ思いました。

でも、いまから振り返ると、自分で考えることを勧めてくれたユニークな教師や、文化人の卵たちとの出会いなど、面白いところもたくさんあったように思います。そして何より重要だったのは、この変わり者を最後まで抱えてくれた強固な壁のような「環境」でした。

その後、フォーク・クルセダーズの「帰って来たヨッパライ」が大ヒットしたときのことです。ご存じのように、「帰って来たヨッパライ」は、神様を登場させた遊びに満ちた歌です。熱心に信仰心をもっている人からすれば、「不謹慎！」と思われてもしかたありません（そもそも、この曲が収められたアルバムのタイトルが「ハレンチ」ですから）。ところが、フォーク・クルセダーズの一員に、洛星の卒業生がいることを知った当時の村田源次校長は、「この曲は、ミッション・スクールで学んだ者だからこそつくれたものだ」と言ってのけたのです。その見識にいささか驚かされ、当時、この校長の言葉を甘んじて受け入れました。

私が、洛星で過ごしてよかったと思うのは、神という絶対のものの存在について触れることができたことです。私自身は、いまも特定の宗教を信仰しているわけでもありません。洛星では「宗教」という科目があり、六年間もキリスト教について学んだので、一時期、上っ面にかぶれて入信しようと思ったこともありましたが、結局自分は多神教の「はみ出しもの」であることを自覚し、そこまでには至りませんでした。

でも、神という絶対のものがあり、それを信じている人たちがいることを直接的に知ることができたのは、私にとってはとても大きな発見でした。私は、そういう人たちをいまでも羨ましく思っています。一神教との出会いは、私という人間や社会の多様性を理解するうえでも、とても意味のある経験だったと思います。

絶対者を信仰することは、それとは対照的に人間が不完全であることを自覚することでもあります。人間は不完全だから戦争などを引き起こす。原爆などというとんでもない怪物をつくってしまう。何かを絶対として盲信することや神の畏（おそ）れ多さを知る際も、不完全という自己感覚はとても大切なことです。

私は文学者の中では、遠藤周作が最も好きです。絶対者への信仰を誓いながら、しかし、現実の社会の中で迷い、引き裂かれていく人間の葛藤、日本人でありながらキリスト教徒であることの矛盾などを見事に小説として描き出しています。

神を愛し、神に認められたくてにじり寄っていく。しかし、神は人間のそうした思いや理解の及ばない超然とした存在であり、神は冷たく人間を突き放す。拒否されてもなお、天国を夢見る人間は神への服従、信仰を続けて擦り寄る。こうした二律背反の態度は、弱くて強かった父親の姿でもあり、私が人間の心を理解するうえで、基本的なものとなったのです。

私たちは、神という絶対者に愛されたいけれど、しかし、この世に生きているうえで罪を犯している、罪深き者である、ということ。絶対を求めながらも、汚れた現実と罪深き自分を生きていかなければならないということです。よって、神は誘いながら拒否する、エキサイティングでレジェクティングである。これは、イギリスのエジンバラで活躍したロナルド・フェアバーンという精神分析学者の思想により、ますます明確になったものです。

当時の私も、この二律背反の最中にあったのだと思います。幼いころは、〝いい子〟を演じ、それがうまくこなせていた。洛星でも、周囲に適応しようと努めてはいたのですが、どうにもうまくいかない。教師などからは、ものすごく叱られましたし、学校では収まりの悪い人間として扱われていました。風紀委員などによくにらまれていました。墓場までもっていくようなとんでもない秘密もありますが、仲間がいますので、何もかもを語るわけにはいきません。ストリップ劇場に行ったこととか、いまでも発覚していない禍事(まがごと)ももちろんあります。ただ無難なところを言いますと、仲宗根(なかそね)美樹という歌手のコンサートに大阪まで出かけていったことが発覚して注意されたことが象徴的ですかねえ。理由は、恋だの愛だの歌うからということでした。

器用にそれぞれをこなしながら、まとまりという点では不器用だったのでしょう。学校に適応しようとしながら、拒まれていくというのは、まさに二律背反です。毎日が引き裂かれていた、そんな連続でした。「帰って来たヨッパライ」では、うまい酒やきれいなねえちゃんなどで天国に魅了されながらも、絶対者である神に追い出されていく過程が歌われます(15ページの図参照)。振り返ってみると、洛星での生活は、まさにこの経験だったように思います。勉強して適応しようとしても、うまくできない。楽しんで、遊びにふけっていると怒られる。

確かに、校長が言うように、「帰って来たヨッパライ」の私的な原点は、このミッション・スクールの経験が生かされていたのかもしれません。そして後からわかるのですが、誘惑されながら拒否される、あるいは飛びつくと追い出されるという苦しみは、多くの人たちに起こりうる、ふつうの悲劇なのでした。

物忘れのひどい問題児

いま述べたように、中高時代の私は自分を収まりの悪い問題児だと感じていました。周囲がそう思っていた以上に、私自身がそう認識していました。

いまでも、そうなのですが、私には注意欠陥多動性障害の要素があるのだと思います。一つのことにじっくり落ち着くことができない。あれも、これもと関心をもち、首や手をつっこんでしまう。そのせいもあって、注意のヌケや物忘れがひどいのです。それで、自尊心や自信がなくなる。

物もしょっちゅうなくしていました。いまでも、そうです。老眼鏡なども、どこに置いたのか、すぐにわからなくなってしまう。だから、一〇〇円ショップで老眼鏡を一度に三〇個ぐらい買って、あちこちに置いておく。そうしておけば、何とかやっていけるのです。もちろん財布もなくすし、免許証もなくす。あるときなど、一カ月に三回も免許証をなくしたこともあります。そのたびに再発行手続きのために運転免許センターへ続けて行くのですが、二〇年ほど前、担当の方から免許証をどこかに売っているのではないか、などと疑いをかけられてしまいました。そのため合理的な解決として、家人のアドバイスで財布には紐をつけることにしました。

このように当時もいまも、自分で自分のことをうまく管理しきれていないという感覚があるのです。そのことが問題であると自覚し、困ってもいるのです。でも、他方で、そんなことどうでもいいやん、そんなこと無理やん、と感じる自分もいる。

確かに電車に乗っていながら、次々と手元の切符がなくなるのは困ったものです。不要なものと混同して、ゴミ箱に捨ててしまったり、破いてしまったり。「大男、知恵は総身にまわりかね」と自嘲的に考えたこともありました。しかし何かに抜けているおかげで、他のことを考えることができ、ボーっとした時間を過ごすこともできるのです。

「はじめに」で「心の三角形」という考え方を紹介しましたが、私の中には、神経質にスーパーエゴに合わせようとする「自分」がいる一方、そうしたことから解放されてエスを満足させたいと無意識に願っている「自分」もいる。この章でも触れた自分の中の二面性ですね。しかし、その二つをつなぐべき「私」は、どこかで二つをつなぐのを半ば放棄している。うまくつなぐことができない。神経質だけど、どこか無神経で抜けている。そんな二面性のある性格が、思春期のころに確立されていったのでしょう。

言い間違いと目の障害

物忘れだけではありません。言い間違いや勘違いもひどい。そのことに関して、中学校時代に忘れられない恥ずかしい出来事を経験しています。

国語の授業でパスカルの「考える葦（あし）」について学んだときです。

「人間は考える葦である。北山、この「考える葦」とはどういう意味だ」

「人間は考えながら歩いて行かなければならない、ということだと思います」

私は「アシ」と言われたので、「足」だと勘違いして、それらしい答えをした。教室中は大爆笑。私は顔から火が出るほど恥ずかしかった。穴があったら入りたかった。

言いたいことを言おうとしても、うまく言葉が出てこない。言いたいことと、口をついて出る言葉の意味との間に乖離や不一致があったりする。

実は、私がこうした言い間違いや勘違いが多いのには、生まれつき目の障害を抱えていたことも大きく関係していたのだと思います。

私は生まれつき目に外斜位という障害を抱えていました。これは潜在性の斜視で、普段はそうは見えないのですが、目を閉じると世界に向かう両目の位置が斜視のように大きく開いてしまう、軽いと言わざるをえない障害です。そうした障害を抱えていることに気づくのはもっと後のことなのですが、子どものころは、とにかく見えにくい、目が疲れるということで、いろいろと困ることがありました。

友だちと好きな野球をしていて外野を守っていたときのこと。飛んでくるボールに対して目を寄せる反射が追いつかずボールが二つに見えてしまい、ボールをキャッチすることができなかったことがありました。ここでも、誘われながら拒否されていました。

本を読んでいても、目が疲れるので続かない。なので、読書が嫌い。当然、勉強も好きではない。「葦」を「足」と勘違いしたのも、きちんと文字を見ないで、教科書を読まず、聴覚に依存していたからでしょう。字を書くのも下手で、書道教室に長く通わされたこともありますが、けっして上達しませんでした。

しかし、目に障害があることに自分も親も気づいていないので、「怠けている」と思われてしまう。眼科医に診てもらったこともありますが、病気だとは診断されませんでした。なので、自分も単に目が疲れやすいし、怠けていると思っているだけ。

先に、伯母が自分にとって憧れの存在だったと述べましたが、目が悪いというのも、眼科医である伯母に対する憧れを強くさせたのでしょう。しかし、彼女には自分の息子たちがいて、伯母もまた旅人であり、遠い人でした。

意味から解放された世界へ

目が悪いからどうしても聴覚に頼ってしまう。文字で確認しないものだから、言い間違いや、言葉に関する勘違いなども多いのですが、それと同時に、同音異義語などにとても興味をもつようになっていきました。一つの音なのに、いろんな意味がある言葉が私は好きです。だから葦を足と混同するのですが、積極的にこれを使った言葉遊びなんかが特に好きですね。

「あやしい」という言葉には、不気味で気味が悪い、疑わしい、などの意味(「怪しい」)もありますが、不思議で引きつけられる、という意味(「妖しい」)の両面があります。「おかしい」という言葉にも、面白くて笑ってしまう、という意味と、異常である、という意味がある。こうした言葉のもつ曖昧さや多義性にとても興味があるのです。

「マザーグース」に出てくる語呂合わせの詩や、ルイス・キャロルの小説『不思議の国のアリス』などに出てくる言葉遊びなどに関心をもちはじめたのも、中高生のころです。こうした性向は、その後の私の作詞活動にも、精神分析の思考にも大いに生かされていくことになったのです。

いまから考えると、言葉の音を重視することで、意味にしばられず、そこから解放されることに気持ちよさを感じていたのかもしれません。世の中はこうあるべき、こうしなければいけない、といった意味が支配する世界だけれど、同時に人間が自由にたわむれているような遊びのイメージ。その不自由と自由の全体像に惹かれていたようにも思えます。

イギリスに古くからある童謡で「ロンドン橋、落ちた」というものがあります。「ロンドン橋、落ちた、落ちた、落ちた」(London Bridge is falling down, falling down, falling down)という歌。しかし、考えてみるとロンドン橋が落ちるなんて大惨事です。なんで落ちるのかも、よくわからない。意味不明です。でも、意味を問えないからこそ、逆に残酷な意味の音の面白さが浮かび上がってくる。

また、『ちびくろさんぼ』(ヘレン・バンナーマン作)では、最後、虎が木の周りをグルグルまわってバターになってしまいます。なんでバターになるのか。これもよくわからない。でも、グルグルという音とともに巻き起こる魔法で、子どもはこの場面が大好きです。

「帰って来たヨッパライ」でも冒頭「オラは死んじまっただ、オラは死んじまっただ」と繰り返します。「死んだ」などという深刻なことをあっけらかんと訛(なま)って言い放つ。そのナンセンスを方法とした、生死の境を混乱させる不服従が、聴く人に受けたのだと思います。

次の章で触れることになりますが、私がミュージシャンの道を進む大きなきっかけとなったのはビートルズの音楽とその言説との出会いです。そのビートルズの歌にも、無意味な歌詞がたくさん出てきます。「ノーホエア・マン」や「アイ・アム・ザ・ウォーラス」などは典型です。そういえば、ジョン・レノンもド近眼でしたし、彼も『不思議の国のアリス』など、無意味に満ちた文学作品が好きだったといいます。

先に、人にとっては「遊び」の部分が大切である、と書きました。人は、意味から解放された遊びの世界の中で、むしろ自分の真理を発見することもあるのではないでしょうか。冗談を楽しみながら、自分が実にエッチで残酷であることを思い知るのです。いずれにしても、私にとっては、この言葉遊びの世界にもまた救われました。

言い間違いや勘違いが多い私にとっては、イギリスではこうしたナンセンスが作品として確立されており、一つの世界観として認められていることで、当時、どれだけ救われ、これについて考える機会を得てきたかわかりません。後に、数少ない読書の中で英文学者の高橋康也さんのナンセンス文学論に出会い、むしろ自らの欠点を楽しむこと、遊ぶことを理論的にも肯定されたように感じられたものです。

目をつむって聴こえてきた音楽

前章で、忙しく働いていた両親が、私に音楽という聴く楽しみを与えてくれたこと、また、進駐軍の宿舎から流れてくる音楽に私が魅了されたことを述べました。

音楽に惹かれていったのには、目が悪かったことも影響していたのだろうと思います。

目を使わなくてもよい。目をつむって、楽になって音楽が聴こえてきた。耳から聴こえてくる音楽が、私にとって最も魅力的な世界となったのです。

そして聴くだけではなく、自ら演奏しはじめたのは高校生のころです。確か親戚の叔父さんがギターをもっていたのも刺激になったと記憶していますが、高校生のとき、はじめてギターを本格的に手にしました。三〇〇〇円くらいのガットギターで、お年玉を集めて買いました。そして、高校二年生のころには、同級生とバンドを組みます。バンド名は「衣笠(きぬがさ)マウンテンボーイズ」。名前は学校が衣笠山のふもとにあったから。

高校の文化祭で友人とギターを演奏する．中央が著者．

カントリー&ウエスタンや和製ポップス、そしてエレキのベンチャーズを中心に具体的な軽音楽の世界に引き込まれていきました。みんなが知っていて、みんながやりたいものを、ということでそうなってしまったようですが。自分で歌えて演奏できるということと、舞台に出ると女の子にモテることが重要で、学校の文化祭などで演奏しました。そのころ、主にアメリカから入ってきたフォークソングが好きになっていきました。「花はどこへ行った」などで知られるピート・シーガー、「パフ」などのピーター・ポール＆マリー（ＰＰＭ）、そして「風に吹かれて」のボブ・ディランなど。また、このときにいっしょにバンド活動をした友だちとの連帯と仲間意識も支えになるものでした。

ラジオからも、どんどん音楽が流れてきた。おそらく、団塊の世代であり、人数も多い若者世代に焦点を当てた商品や作品が次々と発表される時代だったのでしょう。そして、大人向けのクラシック、ジャズなどからフォークソングやロックへと、ピアノからギターへと、社会が求める音楽が転換する瞬間にあったのだと思います。若者たちのテーマは、私たちによる、私たちのための、私たちの音楽でした。

差別に対する違和感

この章の前半で、私は自分の中の二面性に気づかされたことを述べました。そして、人間の内部における二面性だけでなく、社会における二面性に気づかされたのも、このころです。幼少のころに感じた京都駅前の昼と夜の二面性。そして思春期を迎えて、社会の中に隠れている二面性にはっきり気づかされたのです。

京都駅周辺には、「被差別部落」といわれた場所があり、日本で最初に人権宣言を行った水平社が創立された地も京都市内にあります。当時も部落差別はありましたし、現在もまだ解消されたとはいいがたいでしょう。

また、部落差別だけでなく、民族差別なども根強く残っていました。在日コリアンたちが住む集落もありました。フォーク・クルセダーズの「イムジン河」も、そうした環境の中で生まれていった歌です。この日本語詞をつくった友人の松山猛も京都市の地元仲間で、子どものころから朝鮮系の子と仲よくなり、よく家にも行き来していたといいます。しかし、地域の中では差別が厳然と立ちふさがっている。もともと北朝鮮の歌であった「イムジン河」は、そうした松山の体験の中で生み出されたものです。

「しつけ」によって、人が社会化されていく過程において、こうした差別的な心理が、ある集団に向けられていくプロセスがあります。「あの地域の人たちとは付き合ってはいけない」「あの場所は危ないから行ってはいけない」。こんな声を耳にし、差別の問題を意識するようになったのも中高生のころでした。同級生にも「被差別部落」の出身者がいて、直接的には家族の経済的事情により学校を辞めなければならなくなった者がいたことも、そんなことを考えるきっかけとなりました。

表向きは「差別はいけない」という大義名分がある。しかし、「とはいっても」と裏の部分で、差別を肯定している。そんな大人や社会の二面性が、青年だった私の心に強く違和感を残しました。なぜ差別が存在しているのか。こういう関心は、裏を考えすぎるくらいに考えていた父親から受け継いだものだと思います。後に、私が文化人類学に関心をもつきっかけにもなったのでしょう。諸外国における文化の違い、そして、文化の違いがもたらす心の違いと差別、といった順番で関心をもつようになっていきました。

もっとも、私の父は、比較的そうした差別意識とは無縁の人でいられました。駅前医院では、差別されている地域にも診療に行っていましたし、誰であろうと分け隔てなく診療をしていたようです。まさにサバイバーズ・ギルト、罪悪感のなせる業だったのかもしれません。私が「医者のボンボン」と言われても、父はそれほど儲からない医者でしたし、何より儲けようとする意識が感じられませんでした。そうした父のリベラルな感覚、世の中はできれば公平で、民主的でなくてはいけないという職業意識は、確かに私にも引き継がれていると思います。しかしながら、両親がそろって神経質であることは、無神経なところを抱える私にはかなり窮屈でした。

暴力のコントロールと罪悪感

私は罪悪感というか、「すまない」という感覚をもって厳しく自分を律している大人たちを、とても息苦しく感じていたと述べてきました。その環境から逃げ出したかった、と。でも、その一方で、そうした罪悪感を抱えていることの背景やそれが大切であることも、いまは理解できていると思います。

人が強い罪悪感を抱く際、その要因には二種類があります。一つは、悪いことをしたら怒られるから。叱られることによって、自分の行為が悪いことなのだと気づかされるわけです。もう一つは、内的な要因によるものです。自分が愛している者を傷つけてしまった。そのことで、悪いことをした、と気づく場合です。父の場合は両方だったのでしょう。

人には暴力的な欲求があります。それを人はコントロールしなければいけない。コントロールできなければ、誰かを傷つけることになるし、戦争にすら発展することにもなる。そして、暴力を真の意味でコントロールできるのは、後者の内面からもたらされる罪悪感なのです。外的な要因により、暴力をコントロールしようとしても、そこには自ずと限界がある。警察につかまるから悪いという発想は、警察につかまらなければ良いという発想に簡単に転化してしまう。

かつての日本がアジア諸国などに行った戦争行為について、「戦争に直接関わっていない世代が、いつまでも謝罪する必要はない」などということが言われます。

しかし、はたしてそうなのでしょうか。私は、人間の中の暴力性をコントロールするためにも、罪悪感をもち続けることは大切なのではないか、と思うのです。戦後に生まれた私には、戦争に対する直接の罪悪感はないかもしれません。しかし、父が抱えていた罪悪感はひしひしと伝わってきました。また、当時の日本社会全体に、そうした罪悪感が重苦しく影を落としていたことも知っています。その感覚を水に流さず、私は次の世代に伝えていきたいと思います。暴力をコントロールしていくためにも、こうした罪悪感の継承が必要なのではないでしょうか。それは、後でも述べることになりますが、物語の登場人物である与ひょう(「夕鶴」)や伊邪那岐(『古事記』)の味わえなかった喪失感や罪悪感にも重なります。

「自分を殺す」こととマゾヒズム傾向

この章のタイトルを「「オラは死んじまっただ」の思春期」としています。人格が形成され、社会にはばたいていく青春期を、このようなタイトルで語ることは、いささか不思議に思われるかもしれません。しかし、この「オラは死んじまっただ」というのが、私が自らの思春期を振り返ったときの率直な実感なのです。それは、常に「死」が身近にあり、自分がいつ死んでもおかしくない、という感覚であり、また、私たちは精神的に「自分」を殺すことで、生き延びることができた、という感覚です。

「死」が身近にあったという感覚——。私たちは、抗生物質が普及する前に生まれた世代です。いまでは考えられないでしょうが、当時の子どもは、ちょっとした風邪でも死にかけましたし、実際に死ぬ子どもも少なくありませんでした。私も、小さいころに何度か死にかけ、臨死体験のようなものをしたことがあるのだと思います。

病気だけではありません。事故で死ぬような子どもも多かった。子だくさんで、兄弟がたくさんいるけれど、兄弟が亡くなった経験をもっている子どもも多かった。

いまよりも、「死」が身近にあったのです。そうした中で、自分たちもまた生きている。どこか「死にぞこない」であるといった感覚を、思春期の私は抱えていました。

また当時を振り返ると、私は、自分を殺すことで生き延びた、ということを思わずにはいられません。すでに述べたように、私たちは「しつけ」の段階で、「本来の自己」を封じ込め、周囲に適応した「自分」を生きていくことになる。私自身が思春期のころ、この適応がうまくできず苦しんだり、どうでもいいや、と思ったり、いずれにしても、自分の中の二面性とその矛盾が強く意識させられていたように思います。

「本来の自己」を殺して、「偽りの自己」を生きる。いわば、ファウスト博士が悪魔に魂を売り渡して、魔術を手に入れていくように。

哲学者・精神分析家のジャック・ラカンは、幼児期の段階で、私たちは一度死ぬのである、と説きました。一方、ウィニコットの場合は、現実に生きている自分は「偽りの自己」であるが、「本来の自己」が心の奥に存在している、潜在的可能性として隠されているという考え方をとっています。だからこそ、「本来の自己」は消えることなく存在し続け、それをどう生かしていくかを課題としていました。ウィニコットが、夢をみることや、遊ぶことを重視したのは、そのためです。「本来の自己」を完全に殺すのではなく、奥に隠しつつも、それを生かしていく。それによって、「本来の自己」が限定的に生き返ることになる。こうしたウィニコットの考え方が私は好きです。

もっとも、こうしたウィニコットの考え方を知るのは、精神分析学に出会って以降のことです。思春期を迎えていた私は、自分の中の、そして世界の二面性に直面し、困惑するばかりでした。

自分を殺して生きるしかないと、どこかで思っていたのでしょう。私は、当時から、「自分を殺す」というマゾヒズム傾向を身に付けていたようにも思います。

人間は、自らの攻撃性をどう処理するのかで苦しむ生き物です。たとえば、熊はそんなことで苦しみません。目の前に敵が現れるから、本能で嚙みついて、相手を殺してしまう。しかし、人間の場合には、誰かを殺したいと思っても、すぐにその相手を殺すことはできない。考え、悩む。時には罪悪感のために、本当に殺したい相手ではなく、殺す必要のない人間を殺すという置き換えをやってのけることもあります。

しかし、そんなことも簡単にできることではない。許されるものではない。では、どうするか。自分を傷つけることによって、自らの攻撃性を処理しようとするのです。悔しいとき爪を嚙んだり、頭を壁に打ちつけたりします。攻撃性の向かう先を自分自身へと置き換えているのです。

「夕鶴」(昔話「つるの恩返し」を題材とした木下順二の戯曲)の話では、夕鶴のつうが反物を織って与ひょうに差し出す。すると、与ひょうは、それを売って、さらに二反目をつうに頼む。つうは、言われたとおりに自らの羽を抜いて、二反目の反物を織る。本当は、彼女は日本神話の伊邪那美のごとく、身勝手な与ひょうに腹を立てているのかもしれない。でも、その怒りの攻撃性で自らを痛めつけ、自分を退去させることで処理する。

誰かを殺したいのに自分を殺す。こうした傾向は、誰にでもあるのですが、これが癖になってしまうと危険です。自傷行為を続けることになりますし、苦しんでいる自分や痛みを感じている自分という主体すら消すこと、つまり部分的な自死により解決しようとする癖にもつながってしまいます。

ピエロとして生きる

本来的な自分を殺して、自分を傷つけて生き延びる――。私は、自分がピエロなんだ、と思う感覚を身に付けていきました。そうすることで、どこか安心できたし、自分や周囲に折り合いを付けられるようになったと感じられました。周囲に適応しようと神経質になりながらも、失敗ばかりしてしまう。強迫神経症的にいろんなことが気になるのに、どこかボーっと抜けている。たいていの人は、そんなことどうでもいい、とやり過ごすことができるのかもしれない。でも、私は、自分の神経質傾向に、その意義とともに、とてつもない空しさもまた感じてしまうのです。自分が自分の二重性という問題をごまかすことが、うまくできない。

だから、そんな不器用な自分を磨いて、道化としてパフォーマンスに転換させていくことを身に付けていきました。不器用な自分を、むしろ積極的に演じていく。遊ぶことを演じ、演じることを遊ぶ。ただし、どこかで空しさをも抱えている。人に囲まれて人から喜ばれることが好きで、外から見ると本当に楽しそうに遊んでいるように見えるけれど、ひとりになると途端にさみしくなってしまうし、空しいし。

サーカスには、スターとして空中ブランコや綱渡り、猛獣使いなどがいます。でも、空中ブランコや綱渡りは落下して死ぬかもしれない。猛獣使いは猛獣に襲われるかもしれない。結局、サーカスの中で生き残るのは、ピエロなのです。ここにある大事な深層心理は、スターではなくピエロだと羨望(せんぼう)をかわせるということです。

「はじめに」の冒頭に掲げた、小学校の卒業記念文集の私の作文。あそこにも、すでにピエロを演じているような私が見え隠れしています。ケガしたことを大げさに泣き叫び、相手の関心を引こうと演技する。しかも、それを作文というパフォーマンスにまとめあげていく。

そういえば、私のピエロ的な性向は、もっと古くからあったのかもしれません。幼稚園のときのことです。学芸会で「浦島太郎」のお芝居をやることになりました。竜宮城の乙姫様の役は、当時、私が好意を寄せていた女の子でした。私は、浦島太郎をやるものと期待していましたが、なぜか指名された役は亀でした。

亀は、子どもたちにいじめられます。そして、浦島太郎を背中に乗せて、自分が好きな乙姫様のところまで運んでいく。まったくもって、ピエロの役回りです。でも、何となくその役が自分の中でしっくりいったことが、いまでも思い出されます。忘れられない経験です。

しかも、考えてみると、亀は長生きをすることで知られています。まさに、ピエロとして生き延びるということを、すでに幼稚園のころから私は無意識に実践していたのかもしれません。フォーク・クルセダーズでも、加藤和彦が二枚目で、私やはしだのりひこは道化役でした。

後にも述べますが、ピエロとしての自覚が高じて、私は大学生のときに、サーカスについていろいろな本を読み漁り、研究したこともあります。さらには、ピエロのトレーニングを受けるために、リングリング・サーカスが運営する学校（クラウン・カレッジ）の願書を取り寄せたことさえあります。フォーク・クルセダーズ解散直後は、真剣にというか、あるいは面白半分にピエロになろうかと考えたこともあったほどでした。

そうそう、サーカスつながりでは、ローリング・ストーンズが企画・制作した映像作品に『ロックンロール・サーカス』（一九六八年）がありますが、彼らはロックとサーカスの融合を狙っていた。日本では、「サーカスにはピエロが」を歌ったフォークシンガー西岡恭蔵がいましたが、最愛の妻KUROの死後、一九九九年に自死してしまいました。

ピエロの化粧は涙もろい私の涙を隠してくれる、という意味がある。私はいつもそういう、弱者やはみだし者がもつ積極的な意味に注目してきたのです。たとえば、それらは秩序を混乱させて組み替える、悪戯（いたずら）好きの「トリックスター」と呼ばれる創造的な破壊をもたらす役割を果たす場合もあります。

また、こうも考えています。「巨人になるよりも、巨人の脇に立つ道化のほうが世界がよく見える」と。これは、野球でジャイアンツ（巨人）に負けてばかりの国鉄スワローズを愛する少年ファンの負け惜しみともいえるでしょう。国鉄のファンになったのも、京都駅との同一化からでした。

級友の死に直面して

このように私自身は、素顔を殺してピエロを演じることで、つまり「オラは死んじまっただ」という部分的自殺によって思春期を生き延びることができたといえます。

しかし、生き延びることができなかった友人もいました。高校二年生のときのことです。クラスメートが自死したのです。自分の家に放火して死にました。

彼は、文化的な活動や議論をいっしょにやった仲間でした。音楽だけでなく、映画の話もし、将来、映画をつくろうなどと誓い合った仲間の一人でもありました。

なぜ、自死を選んだのかは、よくわかりません。数日前に会っていたのに。いまでも、当時の仲間と会い、彼の死が話題になることもあるのですが、誰もその原因はわからない。とてもショックでした。何か問題を抱えたとき、苦しんでいる主体である自分を殺すことによって、苦しみをなくしてしまおうとする人がいる。外への怒りを自分に向けてぶつける人もいる。精神科医となってから、患者さんの自死に直面したことは一度ならずあります。いや、むしろ精神科の医者をやっていて、そうした経験がない人はいないぐらいでしょう。こうした当人や周囲の苦しみ、辛さを最初に知ったのが、この思春期です。

しかし、残念なことは、それから五〇年近く後に再び繰り返されます。衣笠マウンテンボーイズのメンバーで、将来、映画をつくろうと誓い合った、あの仲間の一人に野村惠一という人物がいます。そして、実際に、彼は大学卒業後、映画の世界に進み、映画監督になりました。『真夏の少年』(一九九一年)、『二人日和』(二〇〇五年)などの作品があります。京都の太秦(うずまさ)を中心に活躍し、職人のように細やかに、丁寧に作品をつくることで評価もされていました。

野村の監督としてのデビュー作は、村上春樹の小説「土の中の彼女の小さな犬」を原作にした『森の向う側』(一九八八年)という作品です。かつて彼は私に「もし俺が映画監督になったら、おまえ出演してくれ。思春期に死んだ同級生の供養や」などと語っていました。その約束どおり、この作品では、私が主演として登場しています。

主演映画『森の向う側』(1988年)より.

ところが、その野村もまた、残念なことに自死してしまいました。映画づくりは楽ではありません。野村も借金をしながら地道に映画をつくっていた。ところが、二〇一一年三月一一日の東日本大震災が発生。あのとき、津波で町が流される光景をテレビで観て、もう文化にお金をかける時代は終わったという絶望感に圧倒されたようです。その数日後、京都の自宅でアシスタントの奥様とともに自ら命を絶ってしまいました。その二年前には、同じく親友の加藤和彦も。

こうした体験を振り返るにつけ、自分はピエロの仮面をつけて自分を殺して、部分的に生き延びた、という実感がわいてきます。本当に私はよくここまで生き延びてこられたなあ、とつくづく思います。

自分を殺すピエロたちは、文化というステージに立ち、客の笑いを得たとしても、けっして幸せではないのです。おかげさまで、私の初主演作は評価されず、素人ピエロの演技は下手クソであり、それ以来二度と主演のオファーはありません。

第3章　愛こそはすべてか？

アマチュア時代のフォーク・クルセダーズ．左から著者，平沼義男，加藤和彦．

洛星高校を卒業した私は、京都府立医科大学に進学。大学在学中に加藤和彦と出会い、そしてフォーク・クルセダーズを結成することになるのですが、そのことをお話しする前に、少し当時の時代状況を振り返ってみたいと思います。私たちが音楽活動にのめり込んでいったことについては、当時の私たちの心の在り方と時代状況とは切り離せないものだと考えるからです。

「モラトリアム時代」の延長

思春期から青年期に移行していく中で、自分を見つけること、すなわち自分探しが課題だといわれます。自分を見つけるには時間がかかるので、青年期はよく旅などにたとえられます。ドイツでは一九〇〇年ごろ、「ワンダーフォーゲル(Wandervogel)」という青年期に野外活動を率先して行おうとする運動が起こりました。「ワンダーフォーゲル」の本来の意味は、「渡り鳥」です。渡り鳥のように旅をすることで、自分の居場所や可能性を見つけていくという考え方が、その底流にあるのでしょう。

一方、別の観点から、青年期は「モラトリアム時代」とも呼ばれます。この言葉は、精神分析家のE・H・エリクソンが使用し、後に私がお世話になる小此木(おこのぎ)啓吾(けいご)先生が日本に紹介したものです。「モラトリアム」というのは本来、経済用語で、借金の返済を猶予する期間を設けることを指します。そこから派生して、自分が何者なのか決定されていない状態、未決定でいられる状態を「モラトリアム」と呼ぶようになりました。

どんな社会においても、乳幼児期は人に育ててもらうなど、他人から世話と恩恵を受ける時期です。そして青年期を経て、大人になると、今度は、子どもを育てる側になります。恩返しや借りを返すといった発想にも通じ、大人になって働くことで社会に返していく立場となるわけです。その大人への切り替えと移行の儀式が、いろいろな社会・民族の中にあり、日本では成人式、かつての元服などがそれにあたります。

だから大人になる手前の青年にとって、「大人になる」ための「モラトリアム」期間は、必要な移行と中間の段階です。自分を見つめ、自分が何者なのか、何をしたいのか、を見つけるようになる。ところが、この「モラトリアム時代」が、文明の発展にともなってどんどん長くなってきています。

かつては日本でも、学校を卒業したら立派な社会人などといわれましたし、それが要請されていました。ところが、いまは義務教育である中学を卒業したのち、ほとんどの若者が高校に進学しますし、多くの者にとって大学に進学するのも特別のことではないといえるかもしれません。これに加えて大学院も準備されています。また、生涯教育という言い方があるように、社会に出てからも一生、学び続ける機会がありますし、それが積極的に提唱されてもいます。

学校を出たから、二〇歳になったから、といったことだけでは、〝立派な社会人〟とはいえない。社会人として完成された、という感覚をもはやもちえなくなってきている。それぐらいに文明の発展や拡大の速度が速いということなのでしょう。文明の進歩の速度が、人間の成長の速度を通り越してしまっているのです。

むかしは、私たちのほうが現実世界を通り過ぎる旅人だった。が、現代の私たちは、世界のほうがいつまでも前を行き、追いつけない。だから、人はいつまでも未熟であるという感覚をもち、ずっと追いつけないで青年期の状態、「モラトリアム時代」を過ごすことになります。年齢的に大人になっても、大人になりきれない。未決定で未完成の状態がずっと続くことになるのです。このことは、日本に限らず、文明が発展した多くの国・社会で青年たちが共通してもっている感覚のようです。

そして、日本では、私たちの世代が若者として、最初にこの感覚に直面した層ではないかと思います。一部を除いて中学や高校を卒業したら働くのが当たり前の時代だった父親や私たちより少し上の世代とは違い、就職しないで進学する者が増え、早期に自分の将来を決めることが回避される層が一群として現れたのが、一九六〇年代半ば、私たちが青年期を過ごしたころだったのでしょう。

「不確実性の時代」と価値観の揺らぎ

私が青年期を過ごした時代を考えるうえで、もう一つ重要な要素があります。「不確実性の時代」が訪れつつあったということです。「不確実性の時代」という言葉は、経済学者のジョン・Ｋ・ガルブレイスの著書のタイトルで、日本では、一九七八年に邦訳書が刊行されてベストセラーになりました（都留重人監訳『不確実性の時代』ＴＢＳブリタニカ）。なので、一九六〇年代当時にこの言葉が使われていたわけではありませんが、それでも、当時抱いていた感覚を思い出すと、青年を取り囲む状況がこの言葉に象徴される時代になりつつあったのだと思います。

というのは私たちの若いころは、まだ、「こんなふうに生きるのがよい」「こういう人生を歩めば幸せだ」といった固定化した価値観が生きていた時代でした。結婚して、子どもが生まれて、家庭をつくれば幸せだ、博士か大臣になれば人生の成功者だ、といった具合です。

しかし、現在は、そうした価値観はかなり崩れています。結婚したからといって、幸せになれる保証はない。博士、さらには大学の教授になったからといって幸せになれるとは限らない。社長になっても、政治家になっても、スキャンダルが発覚するなどの事件が繰り返され、もはや大臣であっても尊敬されない。どんな職業や地位に就いたって、明日の保証さえも確実ではなく、一寸先は闇なのです。

逆にいえば、結婚しなくても、社会的に認められた職業に就かなくたって、幸せだと感じることもできます。個々人で、何に価値を置き、何を幸せとするかの価値観が多様になってきているわけです。

そのような「不確実な明日」を想定するなら、一つの才能に秀でているよりも、どんな状況にも対応できるような能力が必要になります。つまり、どんな山にも登れるようにしておかなければならないのです。一つの山を征服することに、一生をかけるのではなく、どの山にも登れるようにする。小さな丘を登っては降りて、大きな山は車で登り降りし、また別の山をケーブルカーで登って中腹からはリフトで登る、というイメージですね。こうして何も究めず、大地に根を張らないで、いつまでも何者にもならない。

いま手にしている携帯電話を使いこなせないうちに、新しい機種が次々と誕生してくる。そうした社会の中では、一つの機種を使いこなす能力だけ身に付けても、まったく意味がない。いつでも次に移る感覚を抱きながら、目の前のものに取り組んでいる。こうしたことが、生き方全般にわたって起きているのです。

「不確実性の時代」においては、「あれか、これか」ではなく、「あれも、これも」とどっちつかずの態度をとらざるをえない。大人になる年齢に達しながら、精神的に確実な自己が形成されていない人間を「モラトリアム人間」と呼ぶことがあります。これは、たぶんに否定的な見方を含んだ呼称だったと思います。しかし、いまや、誰もが「モラトリアム人間」にならざるをえない時代を迎えているのでしょう。

そして、私が青年期を過ごした時代は、「こう生きるべき」という絶対的な価値観を上の世代から言われつつも(実際、私は家族から「医学部へ進学したほうがいい」と言われていました)、その価値観を全面的に信用できず、どこか絶対を主張することに空しさを覚えてしまうという状況でした。一つの道を選ぶ絶対的な価値観が残りつつも、「不確実性」を前提とした「あれも、これも」という多様な価値観が新しく流入してきて、価値観が入り混じる時代となったというのが実感です。

自覚的な「あれも、これも」の価値観

この「あれも、これも」という新しい価値観を、私は「焼け跡派」といわれる文化人、作家たちによって学びました。前田武彦さん(一九二九年生)、野坂昭如(あきゆき)さん(一九三〇年生)、五木寛之さん(一九三二年生)、永六輔さん(一九三三年生)、寺山修司さん(一九三五年生)などです。「戦争を知らない子供たち」である私とは違い、大戦中に少年期を迎え、戦中、戦後の価値観の変転を自ら体験し目の当たりにしてきた人たちです。

皇国史観を子どもたちに教え、「御国のために命を捧げよ」という絶対のメッセージを叫んでいた教師が、戦後、とたんに教える内容も態度も一八〇度変わってしまった。教師に限らず、政治も、マスメディアも、周囲の大人たちも、敗戦を境に態度や主張が

コロッと変わった。

そうした中で、「焼け跡派」の作家たちは、根無し草で、「誰も信用するな。自分だけを信じろ。いや自分すら信じられないのだから」という価値観を、私たちに伝えてくれたのだと思います。私にとって彼らは「大衆作家」というよりも、戦後の日本に新しい思想や生き方をもたらした「大衆思想家」と呼ぶほうがふさわしい存在です。

過酷な戦中・戦後を過ごし、原爆が投下された時代をくぐりぬけてきた彼らにとって、そもそも「明日が来る」ことさえも信じられない。ましてや、自分や家族を苦しめた日本という国に服従する考え方、あるいはそういう権威に決定された生き方など、とうてい信用できない。

彼らは作家でありながら、ラジオにも出るし、歌も作るし、自分で歌うし、野坂さんにいたってはキックボクシングもやっていた。作家という一つの型にはまるのではなく、やりたいこと、やれることはなんでもやっていいんだ。「あれも、これも」でいいんだ。こういう価値観を、彼らから学んだことは、当時の私にとってはとても大きかったですね。

五木さんには、後に、フォーク・クルセダーズの「青年は荒野をめざす」(作曲：加藤和彦、一九六八年)を作詞してもらっています。また、寺山さんの世界には、作詞曲「戦争は知らない」(作曲：加藤ヒロシ、一九六七年に坂本スミ子の歌で発表された)に私が注目し、フォーク・クルセダーズで歌って馴染んでいました。永さんには、私たちのテーマ曲「フォークル節」(作曲:いずみたく、一九六八年)を作詞してもらったり、また私たちのコンサートでの脚本(「フォークル・ハレンチ口上」、アルバム『当世今様民謡大温習会』一九六八年に収録)を書いてもらったりなど、お世話になりました。こうして思想は、書物だけではなく、彼らの生き方ややり方、そしてテレビやラジオにおけるパフォーマンスと歌で具体的に伝えられたわけです。

彼らも主演しながら台本を書いてきたことは、私たちと共通する部分です。彼らはマスコミが成長する最中に身を投じて、自分でそのマスコミを作ってきたといえます。ずっと駆け出しのときから、出演しながら演出し、台本を書きながら出演していた。そうなると、出演する部分と演出する部分を渡している「私」にあまり矛盾感がないのでしょう。しかし、私たちはデビューのときから「偉大なるアマチュア」(坂崎幸之助くんの表現)で、その出演部分と背後にある素顔のギャップは痛くなるくらいにまで大きかったのです。

「あれも、これも」という態度は、とかく「どっちつかず」として批判されます。イソップ物語の「卑怯(ひきょう)なコウモリ」では、鳥と獣が戦争しているとき、鳥が優勢だと鳥の仲間となり、獣が優勢だと獣の仲間となるコウモリがバカにされる存在として描かれています。こうした無自覚なカメレオン人間を見下した感覚は、どこにも根強くあります。

でも、彼らは命や人生を優先して「生き残る」ためなら自覚的に「あれも、これも」でいいんだ、と示してくれた。寺の住職の息子であっても物書きになっていい(永さんは、浅草のお寺の生まれです)。物書きであってもラジオやテレビに出てもいい。大学も卒業せず、中退してもいい。

永さんとは、亡くなるまで親交が続きました。時々、私は本人に「永さんがすごかったのは、あれもやっていい、これもやっていい、という生き方が、目の前が平和である証拠だと示してくれたことだ」と言っていました。その度に永さんは我が意を得たりとばかりに、とても喜んでくれていたと思います。

でも、そんな戦後の新たな価値観を私たちに示してくれた永さんにすら、二〇一三年、加藤登紀子さんに委ねられた、こんな詞があります。そこでは永さんは「空しさ(虚しさ)」を強調しています。二〇一六年七月に亡くなられた直後に発表されたもので、マスコミ人としての遺稿といってもいいものでしょう(その後、「ともだちあなた戦う心」として加藤さんが二番の歌詞と曲をつけた)。

淋しさには耐えられる
悲しみにも耐えてみよう
苦しさにも耐えてみて

耐えて耐えて
耐えられないのは虚しさ
虚しさ　空しさ
虚しさが　耐えられるのは
ともだち　あなた　戦う心

この空虚を埋めるのは、生身の交流と生々しい心情だとうたっておられるのでしょう。

女性的であること

社会の価値観の大きな変転が目の前で展開される中で、さらにもう一つ、性別に関する意識が「あれも、これも」へと変わりつつあったことも、私には大きなことでした。

精神分析の創始者ともいわれるジークムント・フロイトは、人間は生まれつき男性性も女性性も備えている、すなわち「バイセクシャル」であるという見解を採用しています。それが、社会的に適応していく過程で、身体に合わせて一つの性を選びとっていく、あるいは、身体と食い違った性を選んで不一致に苦しむことがあるというわけです。

私も振り返ってみると、自分の中に中性的な部分が強くあるという自覚を記憶しています。そのことで、幼いころは体の大きな女の子などから「女々(めめ)しい」などと、よくいじめられたりもしました。特に男であることを強調した振る舞いをしてきたわけではないので、男子校の同級生からもそのどっちつかずであることをからかわれていました。だいたい、軽音楽をやることそのものが、父親世代から「女のくさったようなもの」と称されていました。

でも、一九六〇年代半ばごろから、そうした価値観にも変化が訪れます。男性が女性的であること、あるいは、女性が男性的であることに、周囲が急に寛大になってゆきました。

そこには、やはり音楽の影響も大きかったと思います。あのとき、男性的ではなく、フェミニンな格好や派手なメイクアップをした男性アーティストなどが登場してきました。ビートルズも、当時、マッシュルームカットのスタイルは〝男らしくない〟と見られていました。しかし、そうした性の中間状態や両面性が〝カッコいい〟となる価値観の変化が、風俗から始まり、やがて意識の面でも起こるわけです。

こうした価値観の変化は、私にとっては生きることをずいぶんと楽にしてくれたと思います。自然と、自分の中に両性的な要素があることを隠さなくてもよいのだ、と感じました。私は後の作詞活動の中で、女性の気持ちになってつくった詞をたくさん発表しています。ふつうはデリケートな問題ですし、恥ずかしくて告白できないようなことなのかもしれませんが、私は詞という形でそれを、ある意味、カミングアウトしてきたようなものです。

そうしたことを後押ししてくれたのも、あの時代の風俗と意識に伴う価値観の変化です。そして、その在り方を拓いて提示してくれた、あの時代の音楽が私たちを強く引きつけたのです。特にどっちつかずの青年期の中にあって、この新たな可能性、新しい世界観が連動し同期して、それまで「女のくさったようなもの」として殺されかけていた心や在り方を拓いてくれたのです。

少し専門的な話になりますが、本書で私がくり返し触れる空間や空虚について、女性という観点から、ここで一言付け加えておきます。多くの女性の子宮や膣という、身体の内側の「空間」が、ペニスや子どもで埋められていたという事実は、人類の生殖と幸せが楽天的に合致しているケースの多かったことを証言していたと思います。

しかしいま、子どもをもたない女性や結婚しない女性、あるいは結婚したとしてもセックスレスであるカップルが増え、女性の内的空間が空虚のまま置かれるケースが増えています。そのことによる空虚のために、自分の生き方に悩んだり、苦しんだりすることも少なくないようです。当然、当事者である女性たちや、これに同一化する男性にとっても、空虚感、それにまつわる不安な心情とその意味の探求は切実な課題となるでしょう。

男性の女性化や女性の男性化はますます進行すると思います。ただし空虚の心情分析と意味の発見は、男性の私だけではどうにもならず、両性の協力と交わりを必要としています。

疾風怒濤の青年期

急激に性的になる青年期は、誰でも不安にさいなまれます。子どもの状態から大人へと移行する時期で、アイデンティティも確立できていない。第二次性徴がはじまって、性的な興奮を伴う目覚めも起き、自分の身体も変化していく。そうした中で、自分の身体と心の連携がうまくいかなくなる。自分の身体が自分のものでないように感じられる。

青年期はよく「疾風怒濤(しっぷうどとう)の時期」ともいわれます。あちこちから激しい風が吹き、いわば大揺れの船のようなものです。航路を見失わないよう、風をつかまえて走り出さなければならないけれど、雨風に振り回されて、混乱状態に陥る。だから、この思春期から青年期への移行過程で、精神を病んで発病してしまう人も少なくありません。この時期に限らず、ある段階から別の段階へ移行する時期というのは危機が訪れやすいのですが、この青年期は特に危ないのです。

私も、よく発病しなかったなあ、と思いますね。前章でも述べたように、自分がなく、精神的にも落ち着けない思春期を過ごしてきました。

そんなとき、「焼け跡派」の作家たちが示してくれた価値観や指針、そして軽音楽という文化の中に、肯定的な居場所を与えられたのだと思います。「自分を殺す」生き方から、生き生きと、そして自覚的に「生き延びる」ための思想を見つけたわけです。

京都からの脱出に失敗し、京都の医科大学へ

このような時代の中で、私は大学生活を送ることになりました。私は京都府立医科大学に入学するのですが、当初は京都工芸繊維大学を受験する予定でした。父は私を医者にしたいと思っていましたが、私自身は目が疲れるのでろくに本も読んでおらず、医者などになれるとは思ってもいませんでした。それに、「自虐的なお世話係」のように働きづくめの父、そして母を見ていて、むしろ医者になりたくないという気持ちもありました。

高校時代に音楽活動や吉本のお笑いに目覚めていた私は、何か表現活動がしたいと考えていました。いやそれ以前に、鉱石ラジオやミニチュアの戦艦大和、そして粘土のライオン像、木工の家を、次々と工作していました。不器用でしたが、何か作り出すのが好きで、「嘘発見器」というのも作ったことがあります。仕掛けは単純すぎて、恥ずかしいので言えません。

やがてグラフィックデザインを学びたいと思うようになりました。文字を読んだり、

書いたりするのは苦手でしたが、ビジュアルで大雑把に表現することには関心があったのです。もっとも、写真にも関心がありましたが、目が悪いのでピントを合わせたりなどが難しく、あきらめました。そこで、グラフィックデザインを勉強できる大学ということで、漠然と京都工芸繊維大学を受験しようと思っていたのです。

ところが、受験を控えた高校三年の九月、父が突然、部屋に入ってきて、医学部を受けろ、と言うのです。「家族みんなで考えたが、不器用なおまえに芸術的な才能などあるのか、どうかわからない」とも言う。そんな先行きのわからない無謀な選択をするのではなく、医学部に進んでほしい、と私を説得するのです。と同時に、父が条件として出してきた妥協案は、医学部に入れば、音楽をやろうが、何をやってもかまわない、ということでした。

私は考えた末に父の言葉に従うことにしました。学費を出すのも父ですし、医学部に入れば、何をやってもいい、とまで言ってくれている。「あれも、これも」の可能性を提示され、急きょ、受験先を医学部のある大学に変更したのです。

そこで、日本全国の医学部のある大学を探して、受験科目の問題から、一つは千葉大学の医学部を受験しました。もう一つは、地元の京都府立医科大学です。結果、両方とも合格しました。同時に、子どものころから、暗い、重苦しい京都を脱出したいと思っていた私は、千葉大学に行こうと思いました。ところが、再び父に反対されます。家がそんなに裕福ではないから、関東での下宿は難しい、地元に残れ、というのです。また当時、千葉大学では不祥事などが噂され、親戚もこぞって千葉大学への進学に反対しました。

こうして私は京都府立医科大学に進学することになりました。京都を脱出する機会を失ってしまったのです。もっとも、だからこそ、京都で何か面白いことをやろう、と思い、音楽活動に入っていくわけです。それに、父親の転勤で東京から引っ越して、京都の龍谷大学に入学してきた加藤和彦と出会うのも、ここ京都においてです。京都の自宅に残ったために、その後のいろいろな出会い、運命につながった。はたして千葉に行って下宿していたらと考えると、人生、何が起こるかわからないものです。

東京から来たミュータント

京都府立医科大学は歴史があり、レベルの高い大学でしたが、単科大学なので、音楽活動をやろうにも、あるいは何か表現活動をやろうにも、大学の中だけでは何の広がりもありませんでした。特にお笑いと軽音楽という趣味では、いっしょにやる仲間もいない。みな、医者を目指して大学に来ているわけですから、当然といえば、あまりにも当然なのですが。

そして、大学に入学した一九六五年の八月、私はファッション誌『メンズクラブ』を

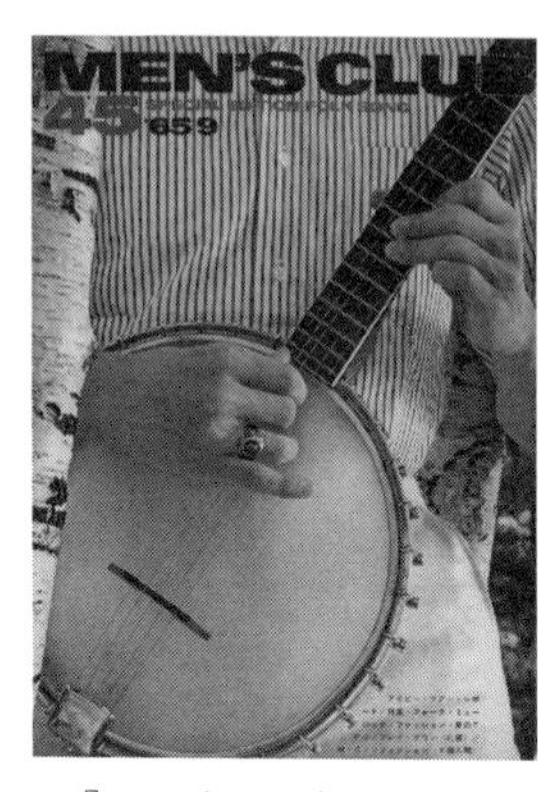

『メンズクラブ』1965年9月号の表紙.

ながめていました。当時、詰襟(つめえり)の制服しか知らないような少年たちに、メンズ・ファッションやアイビールックというものの存在、そしてそれを楽しむことを教えてくれたのが、この雑誌です。当時の若者たちにとってはバイブルのようなもので、私もこの雑誌を愛読していました。

『メンズクラブ』には「MEGAPHONE(メガフォン)」という読者投稿欄がありました。私がそこをながめていると、こんな呼びかけに目がとまりました。

「フォーク・コーラスを作ろう。当方、バンジョーと12弦ギター有。フォークの好きな方連絡待つ」

私は、これだ、と思った。しかも、その投稿主の住所は、私の自宅から自転車で一五分ぐらいの距離。妹の自転車に乗ってその家を訪ねてみました。

すると、家の中からものすごい背の高い男が出てきた。私も身長が一八〇センチぐらいあり、背が高いほうなのですが、その私よりもさらに高い。一八三、四センチはあったと思います。口が重く人見知りをする感じの彼に対して、私は口が達者で、すぐに打ち解けることができました。そして、何よりいっしょに音楽をやる仲間がほしかった。部屋のスミに置いてあった特注の大きな布団が印象的でした。
　彼は東京で高校時代を過ごし、父親の仕事の転勤で京都に引っ越してきたばかりでした。アイビールックに身を包み、仏教系の龍谷大学に通っているという。不思議な雰囲気をもつ彼は、まるで〝東京から突然やって来たミュータント〟といったように、私には印象づけられました。

MEGA-PHONE

●売りたし。カレッジリング10K。五千円〜五千五百円位。
9）
●売りたし。グヤ・エレキギター、ダークレッド、2マイク、アーム付、箱型ケース付。八千円で如何。（飯田松夫　東京都目黒区
●売りたし。スネアドラム、一万四千円を七千円で、大シンバル、八千円を三千円で、その他付属品付。（館　敏明　名古屋市西区
●売りたし。オリンピア・ポータブルタイプライター、三万二千円のものを二万円で。ブリガード・スキー、新品同様、三万二千円を一万五千円で。（佐藤　稔　神奈川県横浜市磯子区
●買いたし。ベースかバンジョー。安物大歓迎（新田耕三　大阪市東区瓦町
●買いたし。黒かネイビーのサマー・ジャケット。サイズは90〜93。価格は相談の上。（増田稔彦　大阪府貝塚市
●買いたし。マイルス・デイヴィスのLP。どんな古物でも可。格安で。（久田原啓文　兵庫県伊丹市
●交換。コンチパンツ、黒牛皮ベスト、スポーツマチック5・21石の3点と舶来メンズ・リンクかカレッジ・リングを。（松田国夫　北海道岩見沢市条東
●フォーク・コーラスを作ろう。当方、バンジョーと12絃ギター有。フォークの好きな方連絡待つ。（加藤和彦　京都市伏見市深草伊達町
●クラシック・ギターの三重奏を愉しむアマチュア・アンサンブル・トリオを作りませんか。レパートリはクラシックからポピュラーまでそれほど上手でなくてもよいが、なるべく初見のきく人、合奏の経験ある人ならなお結構。（徳積和夫
●IVY集合。僕らのCLUB・IVY・WORK・SHOPに参加しませんか？　詳細は左記まで。（遠藤　覚　東京都北区岩淵町
●京都のトラディショナルよ、愛好会を作ろう。資格は不問。ご一報を。（川本和敏　京都市右京区樫原畔海道
〔この欄は自由にご利用下さい。〕

『メンズクラブ』に掲載された加藤和彦による投稿（下段，右から３番目）．

　これが、フォーク・クルセダーズをいっしょに結成し、その後も長く親友として付き合うことになる加藤和彦との最初の出会いでした。
　のちに推測したことですが、

アマチュア時代のフォーク・クルセダーズ．左から加藤，著者，平沼義男，芦田雅喜．

彼は自分の高い身長を持て余していたようです。自分のサイズにあった服がない。どこにいっても目立つ。精神と身体のバランスに急激な変化と狂いが訪れる青年期において、彼自身も所在なくていろいろな悩みを抱えていたようです。私も同様で、青臭い性的コンプレックスや劣等感も一揃いあって、特に心身のまとまりの悪いところで、彼と気が合ったのかもしれません。京都からの脱出を試みながら時機をうかがっていた私にとっては、京都とは異質な文化に出会う機会が向こうからやって来て手が差し伸べられたようなものでした。

〝東京から来たミュータント〟と私が印象づけられたように、加藤には驚かされることがたくさんありました。私の育った環境とは、まったく異質な世界で育ってきたことがうかがえました。

一番、驚かされたのは、京都では珍しい楽器をたくさんもっており、フォークソングについての幅広い知識をもっていたことです。彼自身は、そのことをあまり認めたがらなかったけれど、英才教育を受けていたのでしょう。英才教育としてはピアノを習わせるのが一般的だった時代に、高校三年生のときに外国のフォークソング雑誌が書棚に並んでいて、それを熱心に読んでいたという。高校生で英語の雑誌を読んでいるということ自体、当時としては考えられないことです。親がそういうことを許していたというのは、ユニークな英才教育だと思うのですが。

後の加藤和彦の多彩な音楽活動を知れば、思いつくままに音楽をつくっている天才型と思われるかもしれません。確かに彼は天才だったと思いますが、でも同時に、とても知的な人間でした。私は彼の感性とともに、その知性にも惚れていました。

加藤の呼びかけに応じて、私のほか、高校三年生の平沼義男、浪人生だった芦田雅喜や井村幹夫などが集まり、フォーク・クルセダーズを結成します(最終的に、メジャーデビュー直前まで活動したのは、私と加藤、平沼の三人)。

「おまえも、おまえのやり方でやってみたらどうだ」

すでに述べたように、私は高校時代に衣笠マウンテンボーイズという、カントリー&ウエスタンのバンドを級友たちとつくり、文化祭などで演奏するようになっていました。また、それは気まぐれで、ラテン系の音楽をやるトリオになったり、吉本系のお笑いをやったり。やがては大学で、フォーク・クルセダーズで音楽活動にのめり込んでいくことになります。

この当時、多くの若者がギターを手にして、音楽活動を始めています。そうした若者の多くがそうだったのかもしれませんが、私の場合、フォークソング、そしてビートルズとの出会いが大きかった。

私が初めてビートルズを聴いたのは、高校生のころ、ラジオ番組だったと思います。電波の状況が悪く、トランジスタ・ラジオを抱えて家の中をまわり、アンテナの位置を変えたりして、聴くのに苦労した時代でしたが、これまでの音楽とは何か違うものが耳に飛び込んできた。高音中心の〝ヤァヤァサウンド〟の歌声と演奏は、ラジオの雑音の中から浮かび上がり、少し変則的なリズムのドラムの音が入り込んできたら、あっという間に耳に残りました。そして、一九六四年に日本で最初のＬＰ『ビートルズ！』が発売され、そのＡ面の一曲目「抱きしめたい」に衝撃を覚え、こちらから抱きしめることになった。

フォークシンガーやビートルズたちは、私に「おまえも、おまえのやり方でやってみたらどうだ」と語りかけているように感じられました。それ以前のスターであるエルヴィス・プレスリーには、それが感じられませんでした。映画出演を繰り返したエルヴィスでは、才能とチャンスがなければスターになれない、俺とおまえたちは違うんだと、そんな印象が残っていました。これは、それ以前のクラシックなどにも共通していたのでしょう。きちんと音楽の教育を受けて、たとえば、ピアノが相当にうまく弾けなければ、人前で演奏することなどできない。そして、楽器を演奏したり、コーラスをしたりする無名のミュージシャンたちの前でスポットライトを浴びて歌う、この主人公とはいつも一人だったのです。

ところが、ビートルズはギターをもち、四人全員が歌う。そのうえ、場所は地方の港町リバプールでも、ハンブルクでも、どこでもよく、あとは運次第。荒削りでも、四人「みんな」がそろって演奏して歌を歌うと、とてつもなく魅力的な〈みんなの音楽〉が生まれる。ジョン・レノンだけが曲をつくるのでもなければ、ポール・マッカートニーだけがつくるわけでもない。レノン＝マッカートニーという協同によって歌ができる。ジョンとポールだけが歌うのではなく、ジョージ・ハリスンも、リンゴ・スターも歌う。

彼らは、音楽の教育など受けたことなどなく、自らのやり方で自分たちの音楽をつくりあげていきました。正統な音楽教育を受けた人間からすれば、考えられないようなコード進行を平気で取り入れ、それがビートルズとしての独特のサウンドとなる。

ピアノと違って、ギターは当時でもそんなに高価なものではなかったといえるでしょう。安物なら小遣いやアルバイト代をためれば、手に入れられた。しかも、誰に習わなくても、見様見真似で練習すれば弾けるようになった。テープレコーダーなど、それほど普及していた時代ではありません。しかし耳がよければ、ラジオなどで流れてきた音楽を必死に聴いて、二、三回、聴くだけで、だいたいの歌は覚えられた。自宅のラジオで覚えて数日後には学校で歌ってしまう奴もたくさんいた。音楽が手軽に録音でき、コピーで何度も繰り返し聴くことができる現代では考えられないかもしれませんが、これは当時の音楽少年にとっては当たり前の記憶力でした。

ビートルズが私たちの前に現れたとき、すでに未発表の曲が一万曲も用意されているなどと騒がれていました。もちろん、これはかなり大げさな冗談だと思いますが、でも、彼らは自分たちのやり方で、自分たちの歌を歌っていた。確かに、初期のアルバムでは、他者の既発表曲のカバー作品も多いのですが、そのカバー作品さえも自分たちのやり方で、自分たちの歌にしてしまっている。女性グループの歌を、男四人の歌に変えてしまう。チャック・ベリーの「ロール・オーヴァー・ベートーヴェン」もカバーしていますが、「ベートーヴェンをぶっとばせ」というメッセージは、伝統に則った既成の音楽を壊してしまえ、という彼ら自身のやり方であり、「壊してつくれ」がメッセージだったわけです。

〈みんなの音楽〉の登場

誰もが自分のやり方で音楽に参加できる。ビートルズと同時に、そしてそれ以前に、私が飛びついたフォークソングからも、そうしたメッセージが明確に感じられました。

誰もが音楽に参加できるというやり方が、〈みんなの音楽〉という感覚をつくり出していったのだと思います。プレイヤーだけが演奏して歌うのではなく、誰もが演奏に参加して歌える。ビートルズの歌は確かにビートルズがつくったものですが、でも、当時、世界中の若者が歌っていた。後に、私がヨーロッパを旅行した際なども、街のあちこちで若者がビートルズやフォークソングを歌っていたし、日本人である私もそこに参加することができた。世界中が同じ歌を歌う〈みんなの音楽〉という感覚は、今日のような多様な文化状況では、なかなかもちえないかもしれませんね。

若者が集まって集団ができれば、そこに、価値観の共有された〈みんな〉という感覚が生まれる。しかも、その〈みんな〉が歌うのは、平和や愛がほとんどでした。愛こそはすべて、戦争なんかするぐらいなら歌を歌っていたほうがましだ――。歌を通して、〈みんな〉の間に、こうしたリベラルな思想も広がっていったのだと思います。アメリカがベトナム戦争に負けた背景には、音楽を通して、若者たちにリベラルな思想が広がっていたことも大きかった。もちろん、私も大いにそうした思想の影響を受けています。

戦争の絶えない現実世界において、この愛や平和というスローガンでは甘いと感じられるかもしれないですね。しかし、銃よりも花であり、攻撃よりも愛であり、物質よりも空想であり、主張よりも歌である。これを〈みんな〉でやって蔓延(はびこ)らせるという戦略こそ、有効にスキを突く、けっこう反抗的で攻撃的なやり方でした。

そのうえ、マスコミを通じて〈みんな〉が参加できれば、そこにもう一つの新しい空間が生まれる。一九六〇年代後半、TBSラジオの深夜番組「パック・イン・ミュージック」は、番組に寄せられた読者投稿をもとに『もう一つの別の広場』(ブロンズ社、一九六九年。その後シリーズ化)という本を刊行していますが、当時の若者たちは「もう一つの別の広場」をつくりあげていったのだと思います。それは当初アンダーグラウンドともいわれましたが、いまふうにいえば、オルタナティブというものに近いでしょう。

既成の価値観にとらわれず、自分のやり方で、自己表現する。そして、それが自分のものでありながら、〈みんな〉のものになる。そんな感覚の中で、私たちも音楽活動にのめり込んでいったのです。

フォーク・クルセダーズが目指した〝思想〟

自分たちのやり方で、〈みんなの音楽〉をつくっていく。フォーク・クルセダーズの活動にも、そうした思想が潜り込んできました。

「フォーク・クルセダーズ」という名前は、アメリカのジャズバンド「ザ・ジャズ・クルセイダーズ」からとっています。このバンドは一九六一年にアルバム『フリーダム・サウンド』でデビューしています。

また、マイク眞木さんが大学在学中に結成した「モダン・フォーク・カルテット」、略称MFQというフォークグループがあり（一九六三年結成）、日本で人気を博していました。このMFQは、やはりアメリカのバンド「ザ・モダン・ジャズ・カルテット」（一九五二年結成、略称MJQ）をもとに「ジャズ」を「フォーク」に変えてつけられています。実はMFQというグループはアメリカにもあって、加藤も含む私たちのアイドルに近いグループです。

1980年代に，かつてのフォーク・クルセダーズのメンバーが全員集合したとき．前列左から著者，松山猛，井村幹夫．後列左から加藤，平沼，宮川一郎（アートディレクター），杉田二郎，芦田．

　この「ジャズ」から「フォーク」への名前の変換を、私たちもまねて「フォーク・クルセダーズ」と名付けたわけです。よく覚えていませんが、おそらく、そのあたりの知識が豊富だった加藤のアイデアだったのでは、と思います。

　そして「クルセダーズ」には、十字軍という侵入的で暴力的な意味があり、グループには明らかに啓蒙というか布教という高邁な意思がありましたね。つまり、〈みんなの歌〉を、行き先を見失っている世代に、混乱とどさくさに紛れて蔓延らせたいという思いとメッセージがありました。というのも加藤も私も、「どさくさに紛れて」というフレーズが大好きなのでした。

フォークソングは、民衆の歌、日本でいえば、民謡のことです。ただし、伝統的な民謡(トラッド・フォーク)ではなく、私たちの時代の新しい民衆の歌をつくろうという発想がコンテンポラリー・フォークという考え方を生み、それが現代のフォークソングとなっています。一九四〇—五〇年代、アメリカで、このコンテンポラリー・フォークをつくりだしていったのが、「我が祖国」などで知られるウッディ・ガスリーであり、「花はどこへ行った」で知られるピート・シーガーです。そして、彼らの思想と歌は、ボブ・ディランやピーター・ポール&マリー(PPM)へと引き継がれていきます。この人たちはみな旅人で、風にまかれ、風に吹かれて、風におされて旅することを、歌いながら体現していたのです。

民衆の歌ですから、フォークソングにはあらゆる歌がありうるのです。愛の歌や旅の歌はもちろん、労働の歌もあるし、死を悼む歌もあるし、反戦の歌もあるのです。喜怒哀楽、民衆のあらゆる体験が歌になる。まさに〈みんなの音楽〉という発想ですね。

そして、私たちフォーク・クルセダーズも、この新しいフォークソングの波に乗り、世界中の民衆の歌を集めて、広めていこうという発想のもとに音楽の「運動」を楽しみました。また、ローカルでドメスティックなものこそ、人の心をつかむ。いまの若者の言葉を使うならチョー私的なものやローカルな歌こそ、人間と人間との交流の基盤となるんだ、と。だから、朝鮮半島の分断を扱った「イムジン河」も歌うし、富山県の古い民謡を編曲した「コキリコの唄」も歌うし、メキシコの結婚式の歌「ラ・バンバ」も、キューバの米軍基地のあるグァンタナモの歌「グァンタナメラ」も歌う。反戦歌やセックスの歌も歌い、NHKテレビの人形劇からは、コミックソングとして「ひょっこりひょうたん島」も取り入れて、「笑いのフォークル」という異名まで頂戴しました。こうして国内から国外まで、シリアスなものからお笑いまで、つまり多様化、複雑化、高速化する世界の全体をつかまえよう、と。少なくとも私は、そんなふうに意識して、運動と活動を展開していったのです。

「あいの子」の精神

「あれも、これも」と混成で面白いものを取り入れていく。そうしたフォーク・クルセダーズの姿勢は「あいの子」の精神といってもよいかもしれません。私が子どものころ聞いていた和製ポップスなどは、まさに「あいの子」だったのです。アメリカなど西洋のポップスに日本語の歌詞をつけて、日本人が歌うという。顔も歌も日本人なのに、ロックやフォークソングなんていうカタカナで、極めて日本的に西洋を取り入れている。

「おまえも、おまえのやり方でやってみたらどうだ」というあのメッセージには、私たちの言語・日本語で歌うということも含まれていたと、私は受け止めています。世界中の音楽を、自分たちのやり方で、自分たちの歌にしていく。この点において、フォーク・クルセダーズは「あいの子」の意識を堅持していたといえるでしょう。

重要なことなので、「あいの子」作戦を単純化して説明しておきましょう。メロディが日本的なら歌詞が西洋化する。歌詞が意味なく滑るカタカナならリズムが刺激的になる。さらには深刻な歌謡曲を漫談調で歌う。意味と記号、メッセージとやり方、内容と形式、これらを分離させて組み替え合体させるのです。和魂洋才という捉え方では、和と洋は水と油のままで、その混血や混成の合体と生成の意義を見失っています。

「あいの子」というと不純で、とかくあまりよい表現としては使われないかもしれません。差別的な意味合いを含む言葉として忌避されることもあります。でも、私は、日本人の「あいの子」をつくる能力は、無意識に発揮されながら、深く時間をかけて進行しており、底知れない強さがあると思っています。

すでにある他国の文化に畏敬を感じて、それを取り入れて、自らの文化と融合させていく。考えてみると、これは、日本文化の歴史、そのものにも当てはまります。私たちの身の回りは、「あいの子」で満ち溢れています。すぐれた文化に触発されて、それを単に真似するのではなく、自分の中で消化して、新たなものを生み出していく。こうした姿勢は芸術や創造に必要な態度だと思います。

新しいフォークソングも、トラディショナルな民謡から現代が生み出した「あいの子」ですし、私たちが大事にしたのも「あいの子」の精神でした。それが自らどさくさを生みだしながらどさくさに紛れて蔓延(はびこ)っていくのです。そして、そのオリジナリティは〈みんな〉にあり、こちらだけにあるわけではありません。大衆文化のオリジナリティは受け手にもあり、送り手という個人に還元されないのです。

アマチュア時代のライブ.

“遊び”の精神で

加藤和彦の呼びかけで集まった私たちは、一九六五年の秋から活動を開始し、六六年以降、ライブ活動を本格化させていきました。活動は京都を中心に、主に関西で、民間のコンサートや大学の学園祭、ほかのグループといっしょにホールで演奏するなどしました。また、私の家が医院を営んでいたので、ほとんど使われない応接室があり、ピアノもあって、そこが主に練習場所になりました。

練習では、音楽を文字通りに音で徹底的に楽しみました。毎回新しいレパートリーを取り入れて、まずは徹底的にコピーして、それができないと自分たちのやりたいように編曲し、やりたいように演奏することを楽しむ。そのノリを維持して、そのまま公開したら、観ているほうもすぐにノッて楽しんでくれていたように思います。ビートルズやフォークソングから受け取ったメッセージを実践し、同じやり方で実現し、そこに〈みんなの音楽〉も生まれていった。

特にフォーク・クルセダーズ以後の活動の中で、私は詞をつくり、加藤和彦は曲をつくるようになっていくのですが、そのスタイルはフォーク・クルセダーズという協同での音楽づくりの中で形づくられていきました。私が曲をつくることもありましたが、やはり加藤は曲をつくることが得意だったし、加藤がいたから、私は作詞を主にやることになったのです。とはいっても、そこは〈みんなの音楽〉です。レノン＝マッカートニーの曲が、どこまでがジョン・レノンで、どこまでがポール・マッカートニーなのかきっちりと区別ができないように、私たちも協同で歌をつくり出していきました。

また、当初、私はギターをやるつもりだったのですが、加藤があまりにもギターがうまかったので、私はギターを放棄して、ウッドベースを担当することになりました。

先述したように活動は主に関西でしたが、ときどき東京に呼ばれて、遠征することもありました。一九六六年一二月には、有楽町の日劇で行われた「日劇フォーク・ソングフェスティバル」に出演したり、六七年四月には渋谷公会堂「シング・アウト！　東京」

というコンサートにも出演しています。「シング・アウト！東京」では、マイク眞木さんや森山良子さんも出演しました。これに限らず、プロと共演する機会も増えていき、前座ということで現実の扱いの違いを見せつけられることもありました。しかし、そんなハラのたつ落差も、経験として楽しみ、自分たちの活動のエネルギーとして取り入れていきました。

ステージでは、加藤らのチューニングの間、私が間(ま)をもたせるための司会担当でした。「シング・アウト！」で、私は次のように言って、「イムジン河」を演奏しています。会場にはフォークの大先輩である小室等さんがいて、広報担当としてメッセージを発信する私の言葉をいまも覚えてくれています。

「みなさん、私たちは関西から来ました。もし関西と東京の間で国が分断されていた

「シング・アウト！東京」(1967年4月17日)の入場券.

らどうなっていたでしょうか」

この話を聞くたびに、歌が自分たちのものとなっていたなと感じます。

自分たちのやり方で、自分たちの歌を

関西のアマチュアシーンでは、それなりに有名になったころ、レコード会社からデビューの誘いを受けたこともありました。貴重なオファーの一つは、浜口庫之助さんがつくった曲でデビューしないか、というものでした。浜口さんは、「黄色いさくらんぼ」「僕は泣いちっち」(いずれも一九五九年)などの作曲家として知られ、当時はマイク眞木さんの「バラが咲いた」(一九六六年)など、フォーク調の歌の作詞・作曲を手がけてヒットさせるなどしていました。

関西から東京に出ていき、プロの作詞家・作曲家の歌でメジャーデビューしていった人たちを、私たちは少なからず見ていました。私たちと同年代の京都出身で、私たちの歌姫といわれた高田恭子さんも、マイク眞木さんたちにスカウトされて東京に出ていき、その後、浜口さんが作詞・作曲した「みんな夢の中」(一九六九年)でソロデビューしました。その年の「第一一回日本レコード大賞」新人賞を受賞し、NHK紅白歌合戦にも出場しました。

また、同じく京都出身で、いっしょにステージに立って演奏するなどしていたファニ

ーズは、東京でのメジャーデビューを目指して、メンバーたちが東京に旅立っていきました。私は、ドラムの瞳みのるくんを大阪の「ナンバ一番」というジャズ喫茶（ライブハウス）の楽屋で見送ったのを覚えています。その後、一九六七年にタイガースとしてデビューすることになるのですが、彼らのデビュー曲はプロの作詞家・作曲家がつくった「僕のマリー」（作詞：橋本淳、作曲：すぎやまこういち）でした。

自分たちのやり方で、自分たちで好きなように、と活動してきた私たちは、結局、大先生たちの作品でデビューするという申し出を断りました。自分たちでつくった歌を自分たちで歌う。そこは、私たちにはどうしても譲れないところでした。大先生たちの歌を歌うわけにはいかなかった。それが、私たちが〈みんなの音楽〉から受け取った精神だったからです。

また、京都で創作活動をすることにも、こだわりを感じていました。かつて、あれほど京都から脱出したいと思っていたことを考えると不思議ですが、セミプロとしてはいまやローカルであること、土着的であることが人の心をつかむというのもまた、私たちがビートルズやフォークソングから受け取ってきた精神だったのかもしれません。ビートルズも、リバプールというイギリスの地方の港町の出身であったことは、もう一つの価値観を担うというアイデンティティの大きな基盤になっていたはずです。それと同時に、マスメディアとネットワークの発達で、物理的に移動しなくても、地方が中央と直結し始めていたのです。

後にメジャーデビューしてからのことですが、テレビの歌番組でスパイダースと共演した際に、かまやつひろしさんから「僕もフォーク・クルセダーズでデビューしたかった。そうしたら自分の歌を歌えたのに」と、私の手を握って言われたこともありました。

「帰って来たヨッパライ」の誕生

こうして活動してきた私たちも、そろそろ、大学生活に戻ろうという時期を迎えます。私も加藤和彦も大学三年生となり、就職活動も始めねばならない。一九六七年の夏ごろには、フォーク・クルセダーズを解散しようと話していました。

しかし、ただ解散するのでは面白くない。解散の記念にレコードを自主制作しようと考えました。大阪の梅田駅近くのスタジオを借りて、録音作業を始めます。スタジオといっても、安普請の建物で、隣は駐車場。車が出入りするたびに、その音がうるさいので、録音を中断しなければならないような状況でした。また、お金もそれほどなかったので、家で録音できるものはテープに録音してスタジオにもち込み、それを再生させてスタジオで声や演奏をかぶせて録音したケースもありました。そんな手づくりの方法でしたが、私はマネージメントを担当し、またプロデューサーとしても、レコードづくりを進めていきました。

そのレコードのためにつくられた一曲が「帰って来たヨッパライ」でした。これは、私たちの遊びの精神をとことん盛り込んだ作品です。

この歌のアイデアを最初に思いついたのは、加藤和彦と、彼の友人で私たちの仲間でもあった松山猛です。私たちがコンサートで歌っていた「イムジン河」の日本語詞をつくったのも松山です。加藤によると、この曲は「夢にみたヒルビリー天国」(一九五五年)という曲が下敷きになっているとのことです。アメリカの歌手アニタ・カーターが歌ったもので、主人公が「ヒルビリー天国」、すなわちカントリー・ミュージックの天国に行き、そこでカントリー・ミュージックのスターたちに出会い、楽しい経験をする。しかし、ふと目覚めると、それは夢だった、といった内容の歌です。天国に行ったと思ったのに、目が覚めたら現実の世界だった、というモチーフは確かに重なります(もっとも、着想をどの程度得たのかは、いまでもよくわかりません)。そして、そのモチーフに、松山が交通事故のアイデアをもち込むなどしたというのです。

加藤が録音するために、私の家の応接間で演奏し歌ったのが、私が「帰って来たヨッパライ」の原曲を聴いた最初です。何より死んだ人間の歌というのがユニークで、生死の間を行き来するのが面白いと思ったことを覚えています。ただ、それだけでは面白くないということで、これも加藤に言わせると、私の妹が英語練習用に使っていたテープレコーダーに回転速度を変える機能があって、それを使って録音した歌の速度を変えていろいろと試してみたという。確かに、我が家にオープンリールのテープレコーダーがあったことを、ピンク色のボディのイメージとともに覚えています。

いずれにしても、その原曲に、私もアイデアを加え、神様のセリフを考えたり、スタジオで我が家にあった木魚を叩いてお経を唱えたり、コーラスを重ねるなどしました。みんなでアイデアを出して、みんなで参加してつくりあげるという〈みんなの音楽〉の精神です。曲の最後に「エリーゼのために」のピアノ演奏が入っていますが、これを演奏したのは私の妹です。

極めて象徴的な事実は、元の音が自宅で録音されたことでしょう。そしてレコードのプレスも自分たちで兵庫県の業者に依頼しました。つまり私たちがつくったレコードなのです。ビートルズも、その前身であるアマチュア学生バンド、クォーリーメンのときに自作曲のレコードを自主制作していますが(一九五八年)、これほどまでの自前でのアルバムづくりはしていなかった。

作詞のクレジットも「フォークル・パロディ・ギャング」としています(作詞:フォークル・パロディ・ギャング、作曲:加藤和彦、編曲:フォーク・クルセダーズ)。オリジナリティや著作権という発想も希薄だった。あくまで「私の歌」ではなく、「私たちの歌」だったのです。

フォークルの魅力をつかみとってくれたディレクター

「帰って来たヨッパライ」を含むアルバム『ハレンチ』は、一九六七年一〇月一五日に完成しました。その二週間前の一〇月一日には、京都府立勤労会館で解散記念コンサートも行っています(「第七回 A. F. L. HOOTS BYE BYE FOLK CRUSADERS」。ただし、一〇月二五日に大阪サンケイホール「第一回フォークキャンプ・コンサート」にも出演しています)。『ハレンチ』は三〇〇枚、制作しました。私がお金集めやスタジオの手配など、プロデューサーのような役割をしていたこともあり、レコードは私の部屋に搬入されていました。借金までしてつくったレコードで、知人に買ってもらうなどしましたが、結局は大量に売れ残ってしまいました。松山がデザインしたジャケットに使用した蛍光塗料がまぶしくて、結膜炎を起こしそうでした。また塗料のにおいが部屋に充満して頭もくらくらする。

京都府立勤労会館での解散記念コンサート(1967年10月1日).

売れることを目標にしたわけで

はなく、解散記念に徹底的に遊ぼうと思ってつくったレコードでしたが、こんなにも売れ残ってしまい、私は途方にくれました。何とか売りさばかなければいけない。

そこで、私は知り合いのラジオ・ディレクターたちに、番組で取り上げてもらえないかと頼んでみました。ある日、私の働きかけが功を奏したのか、一一月八日、ラジオ関西の「若さでアタック」という番組で「帰って来たヨッパライ」がオンエアされました。すると、そこから瞬く間に大反響。ラジオ関西には、「あの曲は何や?」「誰の曲や?」「何ていうレコードに入っているんや?」という電話での問い合わせやリクエストカードがひっきりなしに届くようになったというのです。

ラジオ関西で「帰って来たヨッパライ」をオンエアさせたのは、実際には高梨美津子さんというディレクターです。私がお願いしたから彼女がオンエアさせたのだと私は思っていました。しかし、そうではなかった。彼女は、フォークグループとしての私たちのことを評価していて、レコードを独自に会社のお金で購入し、偶然も重なって、自らの判断でオンエアしたというのです。

少なくない数の現場の専門家が、私たちの曲を聴いて、とても気に入ったそうです。風刺やパロディが効いていて、オリジナルな面白さに満ちていると思ったそうです。

当時は、こうした感性をもったディレクターやプロデューサーなどが、世界中にたくさんいたのです。自分の感性を信じて、面白い、すばらしいと思ったら、それを取り上げて、世の中に紹介していく。たとえ無名の新人だろうが、アマチュアだろうが、良いものは良いと判断し、それを世に広めていくことに熱意をもっている現場の専門家です。ビートルズの場合も、そうした人たちの存在があってこそ、いま私たちが知っているようなビートルズがあるのです。リバプールでアマチュアバンドとして活動していたビートルズに惹きつけられ、自らマネージャーになることを申し出たブライアン・エプスタイン。そして、エプスタインのもって来たデモ・テープを聴いて、その才能に魅力を感じてデビューさせた音楽プロデューサーのジョージ・マーティン。彼らはみな自らの感性を信じて、無名だったビートルズを世に送り出していったわけです。

「帰って来たヨッパライ」が大反響を呼び、全国的に大ヒットしていく過程には、高梨さんやいろいろなプロが介在していたということと、彼らが根っからの音楽ファンだったことを、ここで強調しておきたいと思います。

解散したのに、デビュー

関西で火のついた「帰って来たヨッパライ」は、ニッポン放送で始まったばかりの深夜番組「オールナイトニッポン」でも放送され、東京でも話題を呼びました。

自主制作のレコードも当然売り切れ、私のもとには当時の日本のレコード会社五社すべてが次々と訪れ、レコードの発売を申し出ました。一番最初に申し出たC社は「すぐに社の検討会議にかけます」と言って帰りましたが、「会議で、下品すぎると言われてダメでした」と断ってきました。下品すぎるって、そもそもタイトルが「ハレンチ」ですし……。

激しい争奪戦が繰り広げられましたが、買取の提案を印税計算にするなどの交渉のうえ、一番早く出してくれそうなところということで、最終的に東芝音楽工業にお願いすることになりました。東芝は、私たちの愛するビートルズのレコードを発売していた会社でもありました。ラジオ関西でのオンエアから約一カ月後に決定され、一二月二五日には、シングル盤として『帰って来たヨッパライ／ソーラン節』が発売されるという慌ただしさでした。音源もジャケットデザインもそのまま私家版LP『ハレンチ』を流用しています。

レコードのメジャー発売と同時に、フォーク・クルセダーズのメジャーデビューの話も東芝からなされました。その年の秋に解散したばかりで、レコードも解散記念でつくったのに、皮肉なことです。私は面白そうだと思い、最終的に残っていた三人のメンバーの一人、平沼義男に声をかけてみました。ところが、平沼は家業をつがなければいけないという。あまり多くの人に注目されるのも嫌だし、解散したので戻る気はない、と。

もちろん、加藤和彦にも話をもちかけました。加藤はコックを目指していて、確かどこかの企業の食堂に就職することが内定していたと思います。なので、私の誘いにも当初は乗り気ではなかった。何度か説得を試み、一年限りでどうだ、と私が言うと、加藤もやっと賛同してくれた。そして加藤は、親しくしていた私たちの音楽仲間でもあるはしだのりひこ(端田宣彦)をメンバーに強く推薦しました。ちなみに、はしだは先のフォークル解散記念コンサートの主催者であり、加藤の近所に住み、彼の心理的な支えであり、美しいテナーの持ち主でした。

こうして、三人で新たなフォーク・クルセダーズを結成して、メジャーデビューすることとなったのです。最終的にシングル『帰って来たヨッパライ』は約二八〇万枚を売り上げ、オリコンチャート史上初のミリオンセラーとなりました。

『帰って来たヨッパライ／ソーラン節』(1967年)のレコードジャケット.

自分たちでレコードをつくる「アングラ・レコード」というジャケットにうたわれた触れ込みも新しいメッセージでした。また、自分たちの曲でデビューでき、自分たちのやり方を貫きとおしたつくり方で、音源がそのままメジャーに認められて発売されたということもまったく異例でした。売れることを目的にレコードをつくったのではなく、自分たちが徹底的に楽しんで、遊んで、その結果として作品ができ、レコードができた。そして、その作品がたくさんの人の心をつかんだ。

アマチュアの、いわば持たざる者たちが、エスタブリッシュメントに認めさせたわけです。

この瞬間、私は音楽によって、一種の革命が成功したのだと思っています。たとえ一瞬であったとしても、あのとき、確かに革命的なことが起きたのです。

熱狂を受け止めきれない自分

一年限りということで、一九六七年一二月にメジャーデビューした新生フォーク・クルセダーズの活動がはじまりました。私は周囲に宣言して、一年間、大学を休学することも認めてもらいました。大学も学園紛争が激しくなり、休講が続くなどしていた時期でもありました。これは、後に知ったのですが、私が大学に休学届を出したあと、心配した父はわざわざ大学に行き、休学してもその後、ちゃんと復学できるかどうか確認したとのことです。

メジャーデビュー以降のフォーク・クルセダーズの活動は、すさまじいスケジュールでした。連日のテレビ出演、そしてコンサート。アマチュア時代とは比べものにならないぐらいの大観衆の熱狂。

確かに、軽音楽をはじめた大きな動機には自己表現と自己主張の欲求がありましたが、その中に「モテたい」という願望がうごめいていました。これは、私に限らず、当時の若者の多くがそうだったと思います。ジョン・レノンはプレスリーの映画を観た少女たちが絶叫しているのを見て、「歌をうたってモテるなら」と思って音楽をはじめたとも語っています。

その意味では、私たちは確かに人気を得ることができた。スポットライトを浴びることができた。当時は、今日のようにビジュアルが重要視されるわけでもなかったので、私たちのように見た目が抜群に優れていなくても人気を得ることができた。もっとも、背の高い私と加藤和彦に、背の低いはしだのりひこという凸凹トリオは見た目が面白かったという要素もあったでしょう。また、アマチュア時代に徹底させていた遊びの精神を持ち続け、コンサートでも遊びの要素を取り入れ（中国手品のコントなどをやったり）、インタビューでのウィットに富んだやりとりも大いに受けました。

プロデビューしたフォーク・クルセダーズ．

しかし、周到に計画されたり、苦労した下積みの末に、念願かなってデビューした、というわけではなく、突然にスポットライトを浴びた者としては、その目の前に展開するあまりにも大きな熱狂を受け止めきれませんでした。『帰って来たヨッパライ』の販売枚数が約二八〇万枚。一枚のレコードを家族や友人など五、六人で聴いたとしたら、一五〇〇万人近くの人が聴いている。テレビやラジオで聴いた人はもっといる。そんなことを考えると、恐ろしさを覚えずにいられませんでした。

身のほど知らず。その言葉は、デビューして間もなく、私に襲いかかった実感でした。人びとが熱狂し、追いかけている「私」は、私自身ではなく、私の虚像ではないのか。スポットライトの中では、私ができるだけ遊び、自分も楽しもうとする。しかし、目指したはずの〝祭りの熱狂〟が終わり、繰り返しの舞台から降りた後に訪れる、とてつもない幻滅。

熱狂に応えるのか、逃げ出すのか。どっちに自分の重心を合わせればよいのかわからないという二重構造。こうした矛盾に引き裂かれる心理を、精神医学で「ダブルバインド構造」と呼びますが、活動を続ける中で、私はダブルバインド構造にさいなまれるという苦しみ、そしてコミュニケーションの空しさがむくむくと増殖していきました。

第4章　天国から追い出されて

アルバム『紀元貳阡年』発売告知用ポスター．3人の直筆サイン入り．

アマチュアでの活動を解散したはずなのに、新生フォーク・クルセダーズとしてメジャーデビュー。しかし、スポットライトを浴び、大きな熱狂に包まれたとたん、私はとてつもない空虚感に襲われました。毎日のようにライブ活動やテレビ出演を繰り返し、自分たちが何を求められているのか、何をやりたいのかも、よくわからない。状況を受け止めきれない。結局、一九六七年一二月にメジャーデビューした私たちの活動は、六八年一〇月をもって、わずか一年足らずで終止符を打つこととなりました。

楽しそうに見える、その裏側で

一年だけ活動して、再び解散。そのことについても、周囲からはいろいろと言われました。一つには、「あんなに面白がって活動していたのに、何でもっと続けなかったのか?」というもの。もう一つには、「おまえはもともと医学部生だったし、戻るところがあったから、すぐ放り出したのだろう」というもの。大きく、その二つの見方が私に向けられたように思います。なかには、「楽しむだけ楽しんで、さっさと元のところに戻って、おまえはずるい」などとやっかみ半分で言う人も少なからずいました。

しかし「ずるい」と言われようが、何かに巻き込まれて黄色信号のついたところで撤退する能力は、実に貴重だと、いまでも思うのです。作家のよしもとばななさんもそう言っておられましたが、何かに中毒になりかける直前で帰ってくることは、まったくもって、「創造性」のために寄与する最も不可欠な能力といえるでしょう(きたやまおさむ、よしもとばなな『幻滅と別れ話だけで終わらないライフストーリーの紡ぎ方』朝日出版社、二〇一二年)。

外から見るなら確かに、私は医学部の学生でしたし、音楽活動をやめても戻るところがあった。私を受け入れてくれる仲間の医学生たちがいた。一方、加藤和彦とはしだのりひこは、フォーク・クルセダーズを解散したあと、それぞれ音楽活動を継続していきました。加藤は、私がメジャーデビューに引っ張りこんだことを後々まで「おまえに引きずりこまれて、ここまで来てしまった」と冗談交じりに語っていました。

また、フォーク・クルセダーズが三人三様に面白がってテレビや舞台に出演していたというのも、嘘ではないのでしょう。いま改めて、フォーク・クルセダーズのライブ音源などを聴くと、メジャーになっても遊び心に満ちたライブ・パフォーマンスを披露し、当人たちもとても楽しんでいるように聴こえます。そんな私たちのパフォーマンスの遊びと楽しさに惹かれて音楽活動を始めた人たちもたくさんいるようです。

でも、マスメディアというものは、どうしても楽しそうにしている部分、明るい日の当たる部分のみを抽出し、その周辺にある暗がりを隠してしまう機能があります。だから、ことさら明るく楽しげな私たちの部分ばかりが切り取られて、編集され提示されていることもまた否めません。舞台の大きな熱狂が終わった後に訪れる空しさや退屈にスポットライトが当たることはないのです。

そのうえ、私たちは下積みを何年も積んで、その努力が報われて人から評価を受けた、というわけではありません。そういう過程を経ていたのなら、人から多大な評価を受けることは何より嬉しく感じられたかもしれません。ところが、私たちは何の準備状態があったわけでも、大衆文化に対して戦略や計画があったわけでもなく、突然、歌がヒットして脚光を浴びてしまった。あまりにも分不相応と感じずにはいられませんでした。

この感覚は、アマチュア時代とは決定的に違うものでした。アマチュア時代も、私たちは人気があり、関西を中心に注目されていました。しかし、そのときに、ライブハウスのようなサイズの観衆から受ける期待と手応えは、私たちが受け止めきれるものだったように思います。だから、観衆と私たち演者との間で心のキャッチボールができたし、観衆とともに遊ぶことができた。みんなでつくる〈みんなの音楽〉の精神です。

ところが、プロになったとたん、観衆の規模も違ってきます。ライブでもそうですし、ましてやレコードやラジオ、テレビで私たちの音楽を聴いた人たちなどは無数です。私たちが投げたボールが、そうした受け手から何千、何万倍もの大きさになって戻ってきては、もはや受け止めきれません。

しかも、プロとしてのパフォーマンスを期待されるのです。実際にプロになる準備期間をもっていたわけでもなく、自分たちの才能に確信をもっているわけでもないのに。

さらにつらいのは、レコードと同じようにヒット曲を演奏することが期待されることでした。どこへ行っても「帰って来たヨッパライ」をやれ、と要求される。何度も、何度も同じことをやらなければならない――。実際、デビュー直後からの私たちのスケジュールを見ると、来る日も来る日も、テレビやラジオ出演、ライブ活動とすさまじいものです。

自分たちの置かれた状態に矛盾を感じ、本当に心が引き裂かれるような日々を過ごしていました。皆に合わせる表と、引きこもる裏。そしてその間にあるズレが慢性的に積み重なっていく。しかも、その二重性について恥ずかしいという思い、プロとしてこんなことでよいのかという罪意識などにもさいなまれることになりました。

皆の知っている「私」は、私なのか

そもそも、私自身が精神的に置かれていた状況が、二つの立場に引き裂かれたままだったのでしょう。目が不自由であるのに(あるいは、目が不自由だからこそ)、言葉の意味や音のもつ面白さに惹かれる。ポップスや歌謡曲などの情緒的な世界に惹かれつつ、理性がもつ知性的なものへの憧れも広がりつつある。本能的なものと理性的なもの、肉体と精神、女性性と男性性……。これらを取捨選択して統合する必要のある、つまり自分のアイデンティティがまだきちんと形成されていない状態で、フォーク・クルセダーズを取り巻く躁的な熱狂の渦に巻き込まれ、自己が空中分解しかけてしまった。飛行機でいうなら、「私」は離陸直後にきりもみ状態となり落下直前でした。

私自身が、自分がどういう人間なのか、まだわからないのに、周囲からは「北山修はこんな人」「北山修がこんなことをしていた」などと言われる。誰も知らないはずのプライベートの部分についてまで、ああだ、こうだと言われる。さらには、私自身について知ろうとして周囲に追いかけられ、私個人も周囲の描く「北山修」像を追いかけることになる。

当時のこんな出来事が記憶に残っています。すでにフォーク・クルセダーズが「スター千一夜」(フジテレビ)などのテレビ番組に何度も出演していたころです。私が交差点で信号待ちをしていたとき、道路の向う側にいる人たちが私の顔を見た瞬間に「あっ!」と驚いたような表情になったことがあります。私には、そのことが恐ろしい出来事として強く印象づけられています。多くの人が私を知っている。でも、その人びとの瞳に映った「私」とは、本当に私自身なのだろうか。

私たちは京都に住んでいて、主に京都駅から東京のテレビ局やラジオ局など、熱狂が起きている中心部へと通っていました。出かけていく際にも、心が引き裂かれるような気持ちでした。京都で生活している自分と、東京の舞台やスタジオで膨大な数の人からいつも注目を浴びている自分。はたして、どっちが本当の自分なのか、と。

かなり消耗し追い詰められて、精神的にも危険な状態に置かれていたのだと思います。実際、当時の私を知る人からは「あのときの北山は二重人格のようだった」と後になって言われたこともあります。しかし私自身もどこかで、自分の精神的な危機を自覚していました。自分を取り戻さないと、このままでは引き裂かれ、解体してしまい、それは大変な事態に陥ってしまう、と。

嫉妬とマネージャーの不在

私たちは、よく〝若者のヒーロー〟〝アンダーグラウンドから這い上がって来た英雄〟のようにも紹介されていました。確かに私たちは、正式な音楽教育を受けたわけでもなく、プロのレコード会社が仕掛けて、偉い先生がつくった歌・曲でデビューしたわけでもありませんでした。周辺の持たざる者が、メジャーというお城の中央に乗り込んでいった。

学生運動が盛んだった当時、体制に対する異議申し立てという意味でも、私たちの〝成果〟は若者たちから好意的に受け止められた面もあるでしょう。

しかし、その一方で、嫉妬や羨望という感情も強烈にぶつけられました。京都を中心にローカルで活躍していた私たちを支えてくれていたファンの間で、「プロになってから、すっかり変わってしまった」などと言われる。「アマチュアのときは好きやったのに、いまはもう好きやない」とも。その心理は、よくわかります。ローカルで活動していたときは、身近な存在で親しくできていた。しかし、全国版のスターとなってしまえば、そうもいかない。距離感を覚え、一方的に冷たさを感じることもあるでしょう。そうなると、やはりよく思われず、嫉妬を向けられる。

なかには、「京都人として恥ずかしい」などと言われたこともあります。これも嫉妬の一種だったと思いますし、とても不愉快な言葉でもありました。

こうした感情や言葉を、多感な青年が何ら心の準備をしていない状況で、いきなり投げつけられるのは本当につらいことでした。

さらに客観的にいうなら、ボトムアップのヒーローには、きっと、そのプロジェクトの全体を見渡し、管理して進行させるマネージャー役が必要だったのでしょう。ビートルズにおけるブライアン・エプスタインのような存在です。四人の個性、才能が発揮され、それをビートルズという作品・プロジェクトとして世の中に打ち出すことは、エプスタインや音楽プロデューサーのジョージ・マーティンなどの存在を抜きにしては不可能だったのでしょう。彼らは基本的に出演者ではなかった。

私たち三人には、グループ全体を見通し統括するマネージャーがいなかった。アマチュア時代からの名残で、私が出演しながらマネージャー役をやっていたのです。しかも、プロになってどうするか、という気概ももっていません。プロジェクトの目指すべき指針もないため、方針も決まらない。小さな遊びが巨大な仕事となって、舞い上がったピーターパンたちは、叩き落とされるのが時間の問題となったといえるでしょう。

それでも私は考えていました。いったい、自分のやりたいことは何なのか。こんな訳のわからない力に巻き込まれて、流されるままになって潰されたくはない。そうした気持ちが、プロのパフォーマーとしての活動を続ければ、続けるほど強まっていくのでした。

「イムジン河」の挫折

プロとしての活動の中で、苦しいと感じた出来事の一つは、「イムジン河」の発売中止です。

あまりに渦中にいたので、当時の記憶にないことが多いのですが、聞いた話を総合しますと確かに見えてくるドラマがあるのです。実際にはただ不気味であったのですが、いろんなエピソードを聞くにしたがい、あれは何だったのか納得でき落ち着くことすらあるのです。

発売禁止となった『イムジン河』.

一九六八年二月一九日、『帰って来たヨッパライ』の売り上げが二〇〇万枚を突破したことを記念して、東京・ヒルトンホテルでパーティーが開催されました。この席で、記者会見が行われ、第二弾として『イムジン河／蛇に食われて死んでいく男の悲しい悲しい物語』のシングル・レコードを発売することを東芝音楽工業の常務と私たちが発表しました。シングル盤『帰って来たヨッパライ』の発売が前年の一二月二五日ですから、それから二カ月しか経っていない時期です。

ところが、その記者会見の席で新聞記者の中から、こんな質問がなされました。

「著作権問題で「イムジン河」が朝鮮総連から抗議を受けているのではないですか」

私たち三人にとっては寝耳に水の話だったとは思いませんが、抗議の存在は唐突な指摘でした。お祭りムードのパーティーの雰囲気は一変。記者たちの間にもざわめきが起こる。

このとき、司会をしていたのは東芝の担当ディレクターだった高嶋弘之さん。彼は「そんなこと聞いていません」と言う。もちろん高嶋さんや一部の関係者たちは、朝鮮総連から抗議が来ていることを事前に知っていたはずです。でも高嶋さんは、「知らない」と繰り返し、必死にその場を抑えようとする。しかし、記者たちも食い下がる。結局、記者たちを抑えきれなくなり、会見は中断。

私たちは何が何だかわからない。ところが、東芝はその翌日、早々に『イムジン河』の発売中止を決定してしまったのです。こうして、「イムジン河」は「放送禁止」のように扱われ、テレビやラジオでかけられることが自粛され、「幻の名曲」として封印されることとなってしまったのです。その後、二〇〇二年になって、日本語詞の作者・松山猛ら関係者の努力によってCD化されて、やっと封印が解かれることとなります。

「イムジン河」は、私たちがアマチュア時代から、ライブで何度となく演奏し、本当に大切にしてきた歌でした。それが、もはや公の場では扱いに注意しないといけない歌となってしまった。テレビやラジオでもかけられない。新聞の中には「盗作」などと書く記事もありました。本当に耐えられないことでした。

少年Mの「イムジン河」

すでに触れたように、「イムジン河」の日本語詞をつくったのは、私たちの仲間だった松山猛です。松山は「イムジン河」についての自身の物語を『少年Mのイムジン河』(木楽舎、二〇〇二年)という著書にまとめています。

私と同じく京都で育った松山の周囲には、多くの朝鮮系の人たちが住んでいました。松山は、朝鮮系の子どもたちとも仲良くなり、家を行き来するような関係を築いていきます。と同時に、そうした環境の中で、彼らが周囲の日本人からいじめられ、差別されていることも知るようになります。

松山が中学生のころ、二学年上の女性が弁論大会で優勝します。彼女も朝鮮系の子どもで、幼いころから民族の違いを理由にいじめられたり、差別されたりしてきました。そうした自らが経験した悲しさを切々と訴え、民族差別を乗り越えて、人は仲良くできると、彼女は主張しました。

松山は彼女とも友だちとなりますが、学校の外に出ると自分の通う京都市立中学校と朝鮮中学校はいがみ合って、けんか騒ぎがしょっちゅう起きる。そこで、松山は両校のサッカーの対抗試合を計画します。おたがい元気に汗を流して、スポーツを通して理解を深められるのではないか、という思いからでした。

そして、松山が朝鮮中学校へ交流サッカー試合の申し込みを行った際に、どこかの教室から流れてきたのが、あの美しいメロディだったといいます。

ブラスバンド部に所属していた松山は、その後、九条大橋の下でトランペットの練習をしていた際に、同じく橋の下で、サキソフォンの練習をしていた朝鮮中学校の少年と知り合いになります。そして、コーラス部に所属していた彼の姉から、「イムジン河」

という、あの美しいメロディの歌について教えてもらいます。朝鮮語の歌詞と、一番の日本語の訳のメモを松山に渡してくれたのです。北と南に引き裂かれた朝鮮の人たちが、いつの日か、平和に迎えられ、自由に行き来できる日を願ってつくられた歌であるということを聞きます。

実は、私にとって松山は高校のときにデザインについて語り合ったことのある知人でした。やがて私が大学生となってから再会した松山は、フォーク・クルセダーズがこの歌を歌ってくれたら、と思いつきます。この歌を通して、戦後生まれの私たちが、差別を乗り越えて、自由や平等を訴えていこうと語り合いました。

松山猛(右)と著者. 2011年, 加藤和彦が古賀政男音楽博物館の「大衆音楽の殿堂」に殿堂入りした記念に.

松山は、自分の記憶をたどって「イムジン河」のメロディを加藤和彦に口頭で伝えます。そして、かつてもらった一番の日本語詞だけでは短いので、オリジナルで二番、三番の歌詞をつけて完成させたのが、独創的な内容の「イムジン河」でした

（松山猛『少年Mのイムジン河』参照）。

様々な思惑の犠牲に

私たちは、「イムジン河」を朝鮮民謡だと思い込んでいました。世界各国の民謡を、アレンジして現代の民謡にして歌うというのは、コンテンポラリー・フォークの思想であり、フォーク・クルセダーズの目指したものでもありました。

ところが、この歌の作詞者（朴世永）は、当時まだ北朝鮮に生きていて、しかも北朝鮮の国歌「愛国歌」の作詞者でもあるということが、発売直前になって、朝鮮総連からの抗議によって判明したというのです。朝鮮総連は、原作者名と「朝鮮民主主義人民共和国」という正式国名を明記することを要求してきた。朝鮮語の原詞を載せ、もとの朝鮮語の歌詞で歌うことも要求してきたという報道もなされたように思います（もっとも、アマチュア時代、私たちは朝鮮語の原詞もいっしょに歌っていたのですが、このレコードでは松山による日本語詞の三番を入れ、すべて日本語で歌っています）。

しかし、冷静になって考えてみれば、朝鮮半島の分断を歌詞に盛り込んだ「イムジン河」（原題「臨津江」）が、昔から歌い継がれている朝鮮民謡であるはずがないのです。もちろん日朝には国交もなく、ネット時代でもないので調べようがなかったのですが、その知らなかったことが逆に松山の才能と独創性の開花を可能にしたのです。ですが、少なくとも、レコードとして発売するにあたって、レコード会社や音楽出版社は、そのことに気づくべきでした。大企業なのですから、それほど難しいことではなかったはずです。ところが、「次のヒット曲を」と急ぐあまり、私たちの思い込みを、彼らもそのまま信じ込んでしまったのかもしれません。

早々の発売中止の決定は、朝鮮総連の抗議だけが原因ではなく、東芝社内でのいろいろな思惑もあったようです。もし、北朝鮮に原作がある歌が日本でヒットしたら、東芝の家電製品などに対して、韓国で不買運動などが起きるかもしれない、そうなったら大変だ。そんな危惧も社内で語られたとも聞きます。最終的には、東芝本社が決定して、発売中止となったのです。

結局、組織の論理の犠牲になったのではないか。私たちの大切にしてきた歌のために、会社は闘ってくれなかった。歌を守ってくれなかった。このことは、大きな壁の存在を私たちに知らしめることになりました。

出したい歌が出せない。歌いたい歌が歌えない。一方で歌いたくもない歌を歌えという。私たちは何のために活動しているのか。本当にやるせない気持ちでいっぱいでした。

私たちの周囲にある見えない「イムジン河」

その後、「イムジン河」は、先述したように、二〇〇二年になって、人びとの働きかけなどによりCD化され、封印が解かれることになります。同年一一月一七日には、新生フォーク・クルセダーズ(アマチュア時代、メジャー時代に続く第三次。メンバーは私、加藤、坂崎幸之助)による一夜限りの「新結成記念　解散音楽會」を開催しますが、その中でも披露しています。また、松山の著書『少年Mのイムジン河』を原案とした映画『パッチギ!』(井筒和幸監督、二〇〇五年)の中でも物語の中心的な役割を担う歌として使われ、新たなファンも獲得していきました。

しかし、いまでも、その時々の韓国や北朝鮮と日本との関係によって、放送でかけやすくなったり、かけにくくなったりする状況があるようです。

朝鮮語で書かれた原詞と、松山のつくった訳詞を比べると、ほとんど彼の作詞というべき内容です。原詞が北を中心にした考え方を歌っているのに対して、松山の詞は、北から南へ飛んでいく鳥を自由な使者として、その相互の交流を願って歌っています。ここでも松山のもつ独創性に改めて気づかされます。

差別、偏見、いがみ合い……。私たちの周囲には目に見えない「イムジン河」がたくさん存在しているのではないか。朝鮮半島の分断状況を歌いながら、世界中に、あるいは、私たちの心の中に様々な分断があることを気づかせ、境界は消えないかもしれないが、それを乗り越えていく交流を願う。世界中のあらゆる状況下で歌われるべき歌なのだと思います。日本版の「イマジン」だと言う人もいますが、同感です。

こんなエピソードもあります。北朝鮮の拉致被害に遭った蓮池薫さんは、北朝鮮での過酷な生活の中で、望郷の念を封印して暮らしていたそうです。かなう可能性のない日本への帰国を想像することで、かえって絶望にさいなまれるから、と。しかし、そんな蓮池さんが、一度、望郷の念に駆られた出来事があったといいます。二〇〇〇年代前半、韓国の演歌歌手キム・ヨンジャが北朝鮮のイベントに招待され、ピョンヤンで公演を行ったとき、「イムジン河」を歌った。その様子はテレビで北朝鮮全土に放送され、その歌を聴いた蓮池さんは、激しい望郷の念に駆られたとのこと。そして、その後も、自分でギターを弾いてはこの歌を歌い、表に出すことはできない故郷への思いに浸ったといいます(蓮池薫『半島へ、ふたたび』新潮文庫、二〇一二年)。

分断を越えて、自由に行き来することができることを歌った歌詞とメロディは、閉ざされていた蓮池さんの心を激しく揺さぶったのでしょう。

『イムジン河』の発売中止。しかし、その直後から別の「第二弾」が求められます。加藤和彦は、発売中止のあと、私たちの楽曲を管理していたパシフィック音楽出版(現・フジパシフィックミュージック)の会長室に呼ばれて、「加藤君、三時間あげるから次の曲をつくってください」と言われた。そして、会長室で三時間、缶詰状態。最後の二、三十分でギターを使って曲をつくり、それをテープに吹き込んだ。そして担当者は曲も聴かずに、そのテープをもち加藤を連れて、四谷にあった詩人サトウハチローさんの自宅に行った。それから一週間ぐらいでできたのが『悲しくてやりきれない』でした。

こうして『イムジン河』の発売中止から一カ月後の三月二一日、ジャケット写真もそのままに『悲しくてやりきれない／コブのない駱駝』が発売されます。

悲しくてやりきれない——。サトウハチローさんがつくってくれた詞は、当時の私たちの気持ちそのものを見事に表してくれているようでした。

大島渚、最大の駄作？

『イムジン河』の発売中止に続き、これも楽しそうに見えるのですが、さらに見かけとズレる心の体験は続きます。「帰って来たヨッパライ」が大ヒットしたことを受けて、映画会社の松竹からそれをタイトルにした映画制作の企画がもち込まれます。

私たちは大胆にも、監督として大島渚さんを指名します。大島監督はすでに、松竹ヌーヴェルヴァーグの旗手として、数々の実験的な傑作を生み出していました。大島監督は、私たちの指名を受けてくれた。こうして、一九六八年三月上旬から、映画『帰って来たヨッパライ』(脚本は田村孟、佐々木守、足立正生、大島渚)の撮影が始まります。

撮影場所は、山口県下関市で、撮影期間は、わずか二週間足らず。すでに熱狂の渦の中にあった私たちは、それぐらいしか撮影時間をとることができなかった。

大島監督が、私たちの指名を受けてくれたのは、おそらく、私たち若者を〝おもちゃ〟にして、映画の中で遊んでやろうという思いもあったのでしょう。当初は、ビートルズ初の主演映画『ア・ハード・デイズ・ナイト』(一九六四年)のようなドタバタのロック・ミュージカルを構想していたようです。また私たちも、映画づくりの中で遊んでやろうと思っていました。しかし、結果的にはとんでもないことになってしまいました。

ベトナム戦争への派遣を拒み、軍から逃げてきた兵士と、兵役を逃れ、彼に同行する大学生の二人の韓国人が日本に密航してくる。大学生活最後のバカンスで日本海に遊びに行った三人(私たち)は、海で泳いでいる。その間に、この二人の韓国人は私とはしだの服を盗んで、私たちは彼らの服を着ることになる。そして、私たちは密航してきた韓国人と疑われ、日本の警察や私たちを身代わりに殺そうとする当の韓国人二人などから追われる——これが映画のストーリーです。ビートルズのようにファンの女の子に追いかけられるのではなく、警察や韓国兵士に追いかけられるとは……。

確かに、大島監督ならではの内容なのかもしれません。当時の朝鮮半島や日本をめぐる問題が、作品の背後に感じられます。しかし、『ア・ハード・デイズ・ナイト』にあるような無意味の精神が徹底されてなくて、設定に意味がありすぎ、笑いのために仕掛けられた荒唐無稽さがあまりにも意味にとらわれてしまっている。

実際、私たちは、大島監督とうまくコミュニケーションをとることができず、撮影にも積極的にのることができませんでした。

なかでも、私たちと大島監督との対立を象徴するような出来事がありました。私たちの衣装として、下関の現地で調達してきたミリタリー・ルックの洋服が用意されました。ミリタリー・ルックというのも、いかにも、当時の大人が思い描く若者像という感じでした。私たちは、そんなのを好んで着ない。

ダサイ見かけに反発したのが、加藤和彦でした。しかも、背の高い加藤には、その衣装の丈が特に短すぎたのです。加藤はLLサイズでも小さいぐらいでしたから。

映画『帰って来たヨッパライ』の撮影現場でフォークルのメンバーに演技指導を行う大島渚監督(1968 年 3 月，提供＝朝日新聞社).

加藤は、「こんな恥ずかしいものは着てられない！　帰る！」と激しく文句を言った。すると、大島監督が激怒。「おまえたちみたいな若者が、日本をダメにしているんだ！」などと怒鳴る始末。この嚙み合わない様子を見ていて、本当に空しくて、情けない気持ちになりました。カバンをもって帰ろうとする加藤。衣装のことなんかで、ケンカするなよと。

いまから数年前に、久しぶりに、はしだのりひこに会って話した際、彼もこのときのことをよく覚えていました。はしだによると、この日の夜に、私といっしょに「もう辞めよう」と話し合ったと言います。

二週間足らずの撮影で映画を完成させ、その月の末には公開という慌ただしさでした（一九六八年三月三〇日公開。同時上映は『進め！ジャガーズ 敵前上陸』）。

映画の評判は散々でした。春休みの娯楽映画だと聞いて、子どもが観に来たのに、わけのわからない内容で泣き出した、などというクレームも来たと聞いています。あまりにも退屈で、大島ファンの私としても、やはり作品として出来がいいとは思えないものでした。

「戦争を知っている大人たち」と「戦争を知らない子供たち」の対決

このように退屈な作品なのですが、世界の大島渚が監督した作品として、いろいろな国でも公開されたり、ＤＶＤとなったりしているようです（日本では松竹ホームビデオより発売）。外国の方から、英語字幕であの作品を観た、と言われたこともあります。

当時は気づきませんでしたが、いまになってみると、あの作品は「戦争を知っている大人たち」である大島渚が、「戦争を知らない子供たち」である私たちとの断絶を、「当てつけ」として照らし出そうとしたのではないか、とも感じます。

「戦争を知らない子供たち」は、フォーク・クルセダーズ解散後の一九七〇年に私が作詞を手がけた歌です(作曲:杉田二郎)。翌年にジローズが歌い、レコードがヒットすると、「戦争を知らないなんて想像力の欠如だ」などという批判も起こり、沖縄では「戦争を知っている子供たち」という替え歌までつくられました。

でも、私の意図は、「戦争も知らないくせに」と言って、若者の声を抑え付けようとしていた上の世代に対する発信であり、「僕らの名前を覚えてほしい」という切実な自己紹介でもありました。生身の人間の私たちが何を感じ、何を考えているのか、その声に耳を傾けてほしいという祈りでもありました。

映画撮影当時に、この歌は存在していませんでした。しかし、大島監督の私たちに向ける目線は、「戦争を知っている大人たち」が「戦争を知らない子供たち」に対するいらだちだったようにも思います。私たちを個としてみるのではなく、自分たち大人の見方で世代を決めつける無理解が感じられます。

そうした問題意識を作品として成立させるためには、作者が対話・コミュニケーションを通して私たち出演者と交流して、相手を理解することが必要だったと思うのです。でも、それができなかった。そして、私たち自身にも物理的な時間と遊びの余裕があまりにもなかった。申し訳ないぐらいに時間がなかったのです。

着ている服を変えることによって、私たちを無意味に韓国人にしてしまうという皮肉を、パロディ精神とドタバタで笑いとばせるようにできていればよかったのですが、残念ながら意味の多さを破壊できていない。意味の過剰と錯綜で、むしろ退屈なものになってしまっている。私たちフォーク・クルセダーズを若者の餌として使おうとしながら、結局は、使いこなせていないように思うのです。その結果、映画として、すなわち、娯楽として成立できなかったのではないか。

ただし、この映画が単なる〝アイドル映画〟として消費されず、それを超えていろいろな国で、いまでも観られているのは、大島監督の重厚な問題意識のおかげだと思います。そこが唯一のよりどころです。作品が残ったという意味では、大島監督にお願いして、つくづくよかったと、いまになっては思います。でも、当時は、そんなことを感じられる余裕などは、まったくありませんでした。

ギャラも尽きて、天国から追放

たとえ、自分たちの思い通りにならない活動であっても、その代償として大金でも手にすることができれば——。そう考えて、音楽活動などを続ける人もいるでしょう。

ところが、私たちは、金銭的にもけっして恵まれていたわけではありませんでした。その原因には、マネージャーの不在が大きかったと思います。きちんとマネージメントをしていないので、ギャラもそれほど高くないし、またもらったギャラもきちんと管理できていない。

活動が忙しくなるにつれて、私たちはホテルでの生活が増えていきました。そして、加藤和彦は、メジャーデビューをする前に料理人を目指していたこともあって、ものすごいグルメでした(実際、加藤は後に、ワインのソムリエの資格などもとっています)。なので、飲み食いにもけっこうお金を使う。そのために経費がかさんでしまい、結局、ギャラとの採算がとれない状態に陥っていきました。最終的には、借金が残ったほどです。

そのため、フォーク・クルセダーズの活動の後半には、キャバレーまわりなどもして、お金を稼がなければならなくなってしまいました。当時、小倉と博多に「月世界チェーン」というキャバレーが何店かあり、そこをまわったことが苦い思い出として残ります。

キャバレーのステージでも、酔客を満足させるようなパフォーマンスができるほどの力があるわけでもありませんし、また、満足させようという情熱もない。ましてや、そこで自分たちが面白がって遊ぶような気力も残ってはいない。

結局、わずか一年足らずで、メジャーとしての活動を終えた私たちの運命は、天国に招かれながらも、天国から追放されたヨッパライの運命と同じでした。

徹底的に遊んでいたら、事故で天国に呼ばれ、そこに迷い込んでいった。そこでも、楽しく、はしゃごうと思っていたら、どうも天国はそんなところではなかった。「静かにしろ！」と叱られるし、「もっと別の曲をもって来い」と要求される。下界からは、「おまえらだけ、いい思いしやがって」「裏切り者」などの声も聞こえてくる。

そして、最終的には、天国から追放されて、現実に追い出されていく。出る杭は打たれるし、ヨッパライは神様の怒りを買う。まさに、そんな歌詞の内容を、身をもって体験したようなものでした。さらにいうならば、「不思議の国」で意味がわからなくなり、発狂寸前のアリスにでもなったような体験でした。

私たちにとって必要なのは、自分に戻るという主体性の回復でした。自分たちがいま何をしているのか、何をしようとしているのかを点検すること。自分たちが何をすれば、どういう反応が起こり、何が生まれるのかという手応えのある体験を回復させ、それをもう一度距離を置いて観察すること。同時に、自分たちにできないことは何なのかという自己の境界と限界を因果関係の中で知ること。身の程知らずから分相応へ。そうした自覚をもてる状態に回帰しなければならない。そう気づいたとき、フォーク・クルセダーズを解散させ、活動を停止させるのは、当然の成り行きでした。

解散してデビュー、そして再び解散

一九六八年九月四日、解散を発表しました。アマチュア時代に続き、二度目の解散。

その一年前の九月といえば、私たちは「帰って来たヨッパライ」をレコーディングし、アルバムのタイトルを「ハレンチ」と決めたときでした。はるかに遠い昔の出来事のようです。

そして一〇月一日から、私たちは、再びの「解散記念」として、別府、広島、岡山、大阪、渋谷で「フェアウェル・コンサート」を行いました。一年前の同じ一〇月一日には、京都府立勤労会館で解散コンサートを行っていました。アマチュア時代に解散コンサートを行い、そのちょうど一年後の同じ日に、今度はプロとして再び解散コンサートを行ったわけです。

ライブでは、いろいろな思いが去来し、涙で声を詰まらせるような場面も何度となくありました。また大騒ぎの中で迎えた別府のコンサートは、不良の音楽として扱われたので、会場はガラガラでした。しかし、最後の一〇月一七日(大阪フェスティバルホール)のライブでは、本拠地で吹っ切れたように、本来のフォーク・クルセダーズの魅力が披露できたように思います。

第一部では、かつてのメンバーである平沼義男、芦田雅喜も参加。アマチュア時代のレパートリーも加えて、カントリー&ウエスタンから民謡、「ひょっこりひょうたん島」まで、フォーク・クルセダーズの「あいの子」精神が発揮されました。もちろん「イムジン河」も演奏しています。

第二部では、会場からのリクエストを受けて演奏する形式をとっていたものの、演奏できないような曲もリクエストされてしまったので、自分たちで曲を提案し、二者択一によって拍手が多いほうを演奏する方式に変更。こうしたプロらしからぬ、いい加減さも、フォーク・クルセダーズらしいところであったと思います。

フェアウェル・コンサート（1968年10月）.

ゲストには、私たち以降のフォーク・シーンをつくっていった高石ともやさん、岡林信康さん、そして早川義夫さん率いるジャックスなども出演しました。

別府でのライブでは、南こうせつさんが観客として観ていたといいます。そして「こんなに簡単に楽しいことができるなら、俺もやりたいと思った」と、後に私に冗談を言っていました。こうせつさん以外にも、私たちの歌を聴いたり、演奏を観たりして、「自分もやろう」とプロを目指して音楽活動を始めたと語っている人は、井上陽水さんや坂崎幸之助など、けっこういると聞いていています。ビートルズから「おまえのやり方でやってみたらどうだ」というメッセージを受けて音楽を始めた私たちが、次の人たちへバトンを渡すことができたのでしょう。

また、私たちが売れたことで、その勢いと資金などをもとに、メジャーとは違う新たな音楽シーンを生み出していく流れもできていきます。解散コンサートに出演してくれた高石さん、岡林さん、あるいは五つの赤い風船などが、後のフォーク・ムーブメントを牽引していくことになります。URC(アングラ・レコード・クラブ)という「日本で最初のインディーズ・レーベル」も、その流れの中でつくられていきます(一九六九年二月設立)。

私たちは、その音楽活動で、日本の音楽を、音楽というもののあり様を変えることができたのではないか。そうした手応えや自負を、少しだけど感じられた。それだけでも十分でした。そして何より重要なのは私の心の問題でした。私は本当に逃げ出すことができたか、とホッとした気分の入り混じる不安な状態でした。

その年の一二月三一日、「スター千一夜」に出演し、「青年は荒野をめざす」(これが最後のシングル『青年は荒野をめざす/百まで生きよう』として一二月五日に発売されていました)を演奏。「紅白歌合戦を観ずに、この番組を観てくださった方々、どうもありがとうございました」というセリフを残して、フォーク・クルセダーズは芸能界から去っていったのでした。

家に帰ろう

解散後、加藤和彦はプロの世界に残り、独自の音楽活動を続けていきます。はしだのりひこは、解散コンサートのときには、「はしだのりひことシューベルツ」という新しいバンドを結成しており、やはり音楽を続けていった。すでに解散コンサートでも、私が作詞した「風」(作曲：端田宣彦)を新バンドで披露しています。

しかし、私は、もともとこの世界に来たのが間違いだったと感じていました。もちろん、私のつくった歌や演奏に、人びとが喜んでくれているのも知っている。でも、やっぱりもう家に帰ろうと決めました。軸足をホームに移す――それは、自分自身のための時間、空間、生活を取り戻すことでした。そして医学部での学生生活に戻ることを決心しました。

解散コンサートが終わった一〇月、私はヨーロッパ旅行に旅立ちました。横浜港からハバロフスク号に乗って、ナホトカへ。そして、シベリア鉄道で大陸を横断してフィンランドの首都ヘルシンキへ向かいました。

特に目的があったわけではなく、とにかく旅に出たかった。当時、ヨーロッパの入り口であるヘルシンキへ行くには、飛行機で羽田からアラスカのアンカレッジ国際空港を

ヨーロッパに旅立つ著者を見送るはしだのりひことシューベルツのメンバー(1968年10月).

経由して向かうルートもありました。でも、幼いころから京都駅と鉄道に惹かれていた私は、鉄道でヨーロッパを旅してみたかった。

ヨーロッパに向かったのは、ビートルズがいたイギリスに行きたいという思いもあったのでしょう。実際、ロンドンに着いてから、アビー・ロード・スタジオに行き、EMIレコードからお金を借りたりもしました。EMIと東芝は契約関係にありましたから。

旅をしながら、私は私自身を取り戻す準備をしていたのだと思います。AからBへと移動するとき、AでもあるしBでもある移行の最中こそ、自分が自分に戻り私が私であると感じるところでした。しかしフォークルのコンサート活動から帰るときは、私が私でなく、やりきれない空しさを噛みしめたものでしたが。

旅から戻った私は、京都府立医科大学に復学します。大学の学友たちは、私を温かく迎え入れてくれました。このことは、不安で、周囲に受容されることに苦しんでいた私にはとても嬉しいことでした。後に、札幌医科大学に移った際も、いっしょに内科医を始めた同期の医師たちとは、本当に同じ釜の飯を食べた仲間という意識があります。皆が人の命を預かる仕事を目指しているわけで、自分の判断が他人の生死を分けることもあるのです。その意味では、彼や彼女たちとは戦友に近い感覚もあります。

京都府立医科大学の五年後輩に、映画監督の大森一樹さんがいます。彼は医学部生だった体験をもとに『ヒポクラテスたち』(一九八〇年)という作品をつくっています。

私が医学部生だったときには、音楽活動をやったり、遊ぶことが許されていた。また、仲間ともそれを助け合う文化がありました。だから、私も復学することができた。

ところが、大森さんの時代には、すでにそうした文化はなくなっていたようです。彼は、学生時代から映画を撮っていたのですが、「映画を撮るなら医学部を辞めろ」と友人からも言われたといいます。また、周囲は、映画を撮っている自分に対して必ずしも好意的ではなかった、と。一九七〇年以降は医学部も管理が徹底され、遊んでいては、医学部を卒業できない時代になっていたようです。それに、音楽はプレイするものですが、映画監督は遊んでいてはできないものでしょう。

私には帰るところがあった。私を受け入れてくれる場所と仲間がいた。この「抱える環境」は、本当に大きな救いでした。

第5章 「私」とは誰なのか？

——精神分析学との出会い

ロンドン留学時代．回転木馬などが並ぶ骨董屋で．

二度目のフォーク・クルセダーズ解散後、私は京都府立医科大学に復学しました。しかし、完全に芸能界から撤退したわけでもありませんでした。学業と同時に、作詞の活動も続け、また週に一度はテレビやラジオに出演していました。そんなあり方を〝週に一度の芸能人〟〝日曜音楽家〟などと自認していました。そこには、「人生のための歌」や「フォークシンガーの生き方」という考えが大きかったと思います。

京都府立医科大学、札幌医科大学を経て、ロンドンに留学し、ここで精神医学に本格的に出会います。そして、何よりも医師として、人生の物語を言葉で紡ぎ出しながら、その人生を生きている精神分析家の姿が、私には魅力的に感じられたのです。

複製が求められる時代の中で

マスコミュニケーションからパーソナルコミュニケーションへ――。私が芸能活動に没頭していた生活から距離を置き、医学部に戻っていった過程をそうとらえることもできるでしょう。私たちは、突然、大観衆の熱狂の中に置かれ、訳のわからないままマスコミュニケーションに巻き込まれていきました。そこから私は何とか脱け出し、自分自身の主体性を取り戻すために、大勢の見ず知らずの相手ではなく、同じ大学の特定の仲間たちとのコミュニケーションへと移行していった。

マスコミュニケーションの特徴とは、不特定多数に向けて、同じ情報を繰り返し伝えられることです。一方、パーソナルコミュニケーションは、特定の誰かに自分の意思を伝える、一回限りのコミュニケーションです。取り返しのつかないコミュニケーションといってもいいでしょう。現在は、ソーシャルネットワークなどが発達し、両者の間に、どちらに含まれるのかはっきりしないコミュニケーションが増殖している状況ですが、特定のパーソナルコミュニケーションという特色を見せながら、実は不特定の周囲から見られていることで事件を起こすようです。

私たちが嵐のようなマスコミュニケーション体験をしたころは、ちょうどマスコミュニケーション技術が急速に発達していく時期でもありました。終戦後から、人びとは、マスコミュニケーションに新たな可能性を夢見ていた部分があったのだと思います。戦前・戦中は、大本営発表という言葉に象徴されるように、国によって情報が統制されていて、報道の自由も極度に制限されていました。戦後になって、報道の自由が認められたことは、人びとが自らの考えを自由に表現していく可能性を拓きました。そのような個人の内面の解放感と重ね合わせて、マスコミュニケーションにユートピアの可能性をみた若者も多くいたのだと思います。

その象徴の一つが、レコード芸術だったのではないでしょうか。レコードは、不特定多数に音を何度も繰り返し届けることのできるマスコミュニケーションの一種です。と同時に、そこに吹き込まれた音楽には、平和や愛、自由といった思いも込められていた。私は、幼いころから、レコードと音楽に接しながら、そんな意図や意味を感じていました。

実は、レコード芸術のこの「繰り返し」という要素は心理的に重要なところです。レコードに吹き込まれた一曲は、だいたい三分経てば終わる。そして気に入ると、レコードは何度も繰り返し聴きたくなる。もちろん小説も映画も繰り返し楽しむことは可能ですが、普通はそう何度も繰り返して楽しむものではありません。好きな映画でせいぜい四、五回。小説などは、ほとんど一度読んだら、すぐに読み返すようなことはありません。ところが、音楽は何度でも聴くことができる。聴きたくなるのです。好きな曲なら、一〇〇回ぐらい聴いてもなお楽しめる。ここには、音楽ならではの魔法があるのではないでしょうか。

しかし、演じる側からすると、たとえ大好きでも同じ歌を何度も歌っていると気持ちが冷めてきますし、やがては飽きてくる。でも、聴く側からは何度も同じ曲、同じ歌を求められる。しかもライブでは、レコードと同じように演奏することが期待される。演者がライブでアレンジなどを加えると、とたんに観客の間に違和感が生じる。聴きにきたものと違う、求めているものと違う、と。演じる側からすると、今日の自分や演奏を求められていないと感じてしまう。大抵、ポップスでは円熟は忌避され、年老いていくことに伴う変化も歓迎されない。つまり、時間経過と生身の自分が求められていないような気分に陥ってしまうのです。

当時も今も、ミュージシャンが違法な薬物に手を出したといった事件がよく起きています。一方、お笑い芸人などが薬物がらみで問題となることは、あまり聞きません。そして、薬物に依存してしまう人たちが異口同音に言うのは「空しさ」でしょう。大勢の熱狂を受けながら、でも本当の自分が求められていない、本当の自分として出会えていないのではないか、という空しさとすれ違い。その空しさを埋めるために、つい薬物に手を出してしまう……。そんなことが起こりやすいのではないでしょうか。

大会場における頻度の多いツアーで、何度も同じことが求められるなら、演じる側が冷めて、早くから飽きてしまう。仕事となってしまい、プレイを反復していると、役割として演じている私と本来の私との乖離も起こる。特に私の場合、その乖離がとても深刻なものに感じられ、生身の人間としての自分、裸の自分を大事にする思想に自分をゆだねていきたいと思いました。

外側の自分と内面の自分の乖離が深刻になると、二重人格状態に陥ってしまいます。

こうしなさいと外側から要求するスーパーエゴと、内面にある心情が、うまく渡せない状態のことです。「私(わたし)」という言葉の中には、「渡す(わたす)」という機能も含まれているのだと、私は考えています。自分の中の表と裏を渡している機能が破たんしてしまうと、「私」が本来の「私」でなくなってしまうのだと思います。「私」が外では死ぬことになり、自分が保てず、空虚な存在となってしまう。その結果、自分は分裂、解体しかねません。

私には、やはり医学部に戻って、外向きの自分と内向きの自分を渡す機能を回復させることが必要だったのだと思います。それは、マスコミュニケーションにどっぷりつかっていた状態から距離を置き、パーソナルコミュニケーションに身を置くことだったのです。

そもそも、加藤和彦らとフォーク・クルセダーズを結成したときは、パーソナルコミュニケーションの世界に身を置いていたのだと思います。そしてアマチュア時代の観客との関係も比較的パーソナルな関係のものでした。その意味では、私は再び肉筆、肉体、肉声が優位の交流に戻っていったのです。

解剖して、名前を付けるために

自分が体験した訳のわからないものの正体を見極めなければならない。このことも、医学部に戻る際に、私の念頭にありました。自分が巻き込まれて、体験した訳のわからない現象とは何だったのか、なぜあのようなことが起きたのか、自分の心の状態はどうだったのか。それを言葉によって説明し、理解することが、自分にとっては大きな課題だったのです。

フォーク・クルセダーズがメジャーデビューをして、私が大学を休学したとき、医学部では解剖の実習が始まったばかりでした。また、大学自体も学園紛争で休講が続いていました。いわば、解剖実習を始めて、内臓を見たけれど、それぞれの名前がまだ教えられていないうちに、大学の授業がストップしてしまったということです。まさに「腑分け」で腹を開きながら、見なくてもよい生々しいものを見せられ、それらに名前が付いていないまま呆然と立ち尽くしている——そんな状態です。見たものを取り扱えないので、不安でしかたがない。落ち着かない。

だから、医学部に戻って「これが胃」「あれが結腸」というふうに、一つ一つに名前を付けていかなければならない。たとえば、「神経」という名前がついていなければ、神経について考えることはできません。

体験しながら、その体験が何なのか把握できていないという状態は、精神病の状態とも重なります。私自身が精神分析に出会うのは後のことですが、精神分析とは、本人にとって理解できない体験や症状について、専門家とともに名前を付けて分析し意味を考えていくことでもあります。

私もマスコミュニケーションに巻き込まれながら、その体験が何だったのか、まったくわからなかった。あの狂想曲はいったい何だったのかを、考える時間がほしかった。ありがたいことに、そんな私を学友たちの多くは温かく迎え入れてくれたし、居場所の提供を通じて私がそれを理解していくのを助けてくれたのです。

“週に一度の芸能人”

もっとも、医学部に戻りつつも、週に一度ぐらいの芸能活動は継続していました。最初は、TBS「ヤング720（セブン・ツー・オー）」という土曜の朝七時二〇分の番組の司会を務めていました（一九六九年一―九月）。トークや音楽が中心の番組です。医学部の後半にはそれと並行するように、深夜放送のTBSラジオ「パック・イン・ミュージック」のパーソナリティも務めることになりました（一九六九年三月―七二年九月）。

「パック・イン・ミュージック」のときには、深夜一時から生オンエアを行い、番組終了が午前三時。それから羽田に行き、深夜便の飛行機で伊丹空港へ。六時半ごろ伊丹空港に到着し、そこからタクシーで大学に向かい、何とか始業時間の八時半に教室にすべり込む。そんな状態で実習を行ったりもする。そうした生活を続けていたので、昼の一二時ぐらいになると眠くて、眠くて。校庭の片隅で、よく寝ていましたね。

一九六七年七月に放送が開始された「パック・イン・ミュージック」は、その三カ月後の一〇月に放送が開始された「オールナイトニッポン」(ニッポン放送)とともに、深夜放送の先駆けとして若者たちから絶大な支持を得ました。私がパーソナリティを務めたときも、それなりに人気を得て、私の後に吉田拓郎さん、南こうせつさん、小室等さんといったフォークソングのミュージシャンがパーソナリティを務める流れができました。第3章でも述べましたが、「パック・イン・ミュージック」からは、『もう一つの別の広場』という本も生まれ、当時の若者たちによるオルタナティブな文化・空間を形成していくことにつながっていきました。

番組の担当ディレクターを務めていたのは加藤節男さん。当時、二〇代後半ぐらいで、私たちは同年代としての親しみを込めて「せっちゃん」と呼んでいました。TBSラジオの上層部にしてみれば、深夜放送などほとんど聴かれていない時間帯だったので、若いディレクターに「適当にやっておけ」という感じで任せていたのでしょう。そして、「パック・イン・ミュージック」に限らず、「オールナイトニッポン」などでも、そうした若いディレクターたちが、熱意をもって深夜番組をつくっていった。若者らしい新しい感性で、新しい番組をつくっていったのです。

一九七〇年前後には、学園紛争も落ち着いてきていましたが、文化の場においては、まだ新興勢力と保守勢力との対立が続いていました。一九六九年八月に開催された日本初の野外フェスティバル、中津川フォークジャンボリー（全日本フォークジャンボリー）も七一年までの三年間、毎年開催されていました。

前章でも触れた「戦争を知らない子供たち」がヒットして日本レコード大賞作詞賞を受賞したのは、一九七一年のことです。社会的なメッセージが含まれた、こうした歌がヒットする時代の雰囲気が、まだ残っていたのです。

私とほぼ同年代の団塊世代の若者たちが私たちの活動を支持してくれたし、彼らも私たちもまだ文化に対する期待と夢を失わずにいたのだろうと思います。

そんな時代状況の中で、私は医学部に通いつつ、〝週に一度の芸能人〟を継続させていったのです。私自身も、まだマスコミュニケーションに完全に絶望をしていたわけではありませんでした。訳のわからないまま、自分を失ってマスコミュニケーションに巻き込まれてしまうのではなく、自分の生活の一部分として作詞や芸能活動を行う。あくまで自分の生活、個としての自分にこだわって音楽活動をするということは、私がピート・シーガーをはじめ、フォークソングから学んだ思想でもありました。「歌のための人生」となって社会のニーズに応えるのではなく、自分の生活、心情などを大切にして、それを核として「人生のための歌」を発信していくという発想です。

しかし、そんな二重生活を続けていた私も、大学五年生のころ、芸能活動から身を引くことを決心します。一九七三年ごろのことです。

一九七一年から七二年にかけては作詞の依頼があり、私のつくった歌は不思議なほどにヒットが続きました。「戦争を知らない子供たち」「あの素晴しい愛をもう一度」「さらば恋人」などです。だから、芸能活動から撤退すると決めたことを周囲に伝えると、フォーク・クルセダーズを解散させたときと同じように、「あんなに大ヒットしているのに、なぜ辞めるんだ」などと言われました。

大学でポリクリ(病院実習)が始まるというのも大きな理由でしたが、それと同時に、私にとって決定的な出来事がいくつかありました。

一九七〇年の秋、私がプロデュース、司会を務め、私の大学でコンサートを開催したことがありました。私や杉田二郎さん、高石ともやさん、あるいは、彼らが紹介してくれたミュージシャンが参加してくれました。

ところが、同じ日に大学構内では、別の学生グループが社会問題をテーマとした写真展を開催していました。私たちのコンサートには、学生がたくさん集まっているのに、その写真展を観に行く学生は少ない。そんなこともあり、急進的な学生たちが、私たちのコンサートに乗り込んできて、舞台を占拠してしまったのです。そして、コンサートを中断させ、学生集会へと切り替えてしまった。

実は、事前にその動きを察知した私は、舞台を占拠するのなら、最後近くで私の歌っているときにやってほしい、と仲介役の学生を通して、その占拠側にお願いしました。やはり、ゲストとして来てもらったミュージシャンが歌っている最中に中断させるのは申し訳ない。それに、シモンズという女性デュエットの二人については、楽器や彼女たちに危害が及ばないか、ということも心配でした。音楽家は前面に出て無防備に見えるのですが、弱点の一つは楽器にあります。

翌年にも、似たような出来事を経験します。一九七一年に開催された第三回中津川フォークジャンボリーでのことです。岐阜県恵那(えな)郡坂下町(現・中津川市)の椛の湖(はなのこ)の湖畔で、地元の青年たちが六九年から毎年開催してきたフォークソングの「祭り」が、中津川フォークジャンボリーです。第三回のときも、三日間で二万人以上の観客が集まりました。私はミュージシャンとして出演したのではなく、はしだのりひこなど、音楽仲間が出演していたので観に行ったのです。

ところが、二日目になり、主に岡林信康を支持するグループと吉田拓郎を支持するグループとの間で衝突する事件が起きます。岡林をはじめ当時勢いのあった関西勢が主にメインステージ、一方、拓郎がサブステージというのも気に喰わなかったのでしょう。メインステージに、興奮した拓郎側のファンが押し寄せてきました。

メインステージではジャズシンガーの安田南さんが演奏していましたが、中断され、何十人もの若者が舞台を占拠し、口々に不満を叫んでいるような状態でした。「フォークジャンボリー粉砕！」などという声も聞こえます。舞台の上にはどんどん人が増えていってマイクの奪い合いも起き、大混乱です。

「新しい文化の創造と言っておきながら、この独占的で一方的な演奏はどういうことだ」「入場料を返せ」「プロレタリアートの革命だ」「民衆の唄はどこへ行った」……。

そんな言葉が次々と叫ばれ、挙句の果てには、舞台めがけて花火が撃ち込まれるなどしました。また、興奮した観客が湖に入りだし、水死者も出るという事件まで起きてしまいました。

〈みんなの音楽〉の終焉

これらの出来事は、私には、いろいろなことを象徴しているように感じられました。アマチュアとして、フォーク・クルセダーズの活動を始めたころ、私たちは〈みんなの音楽〉を目指していた。それは、「持たざる者」がエスタブリッシュメントに対抗する運動でもあったし、当時の学生運動の機運とも呼応するものでした。

しかし、そうした〈みんなの音楽〉を目指す運動の中から、フォーク・クルセダーズのようにメジャーで活躍するミュージシャンが現れてくる。一方、一九六〇年代後半から新宿駅西口地下広場では、反戦フォーク集会などが開かれ、そこに象徴されるように、よりラディカルに音楽活動を行う人たちも現れてくる。彼らからすると、私たちは中途半端な存在となって、エスタブリッシュメントとして攻撃すべき相手となってしまう。

実際、私たちは「持たざる者」として、階段を駆け上がりお城に上っていった。そして、一瞬であっても、そこに居座って、いわば宮廷音楽家になりかけた。私たちは、反戦フォーク集会に集まる若者たちなど、すなわち、まだ城への階段を上ってきていない人や、城に戦いを挑んでいる人たちなどから「裏切り者」などと見られるようにもなってしまったのです。

「ヒッピー・キャピタリスト」という言い方があります。ヒッピーとして出発しながら、やがてビジネスの世界に転じ、資本主義社会で経済力をもつに至った者を揶揄する呼称です。そんな見方も、私たちに投げつけられました。「学生運動のどさくさの中で、学生運動と連携するような歌を歌いながら、うまいことやって、もうけた奴」と。自分たちが気に入らないアーティストに対して「帰れ、帰れ」といった野次を連呼する「帰れコール」を浴びせられたこともありました。

そして、そうした攻撃の行き着く先が、これらの「乗っ取り」に象徴される出来事だったのだと思います。

こうして〈みんなの音楽〉は終焉を迎えます。〈みんな〉の中に格差が生じ、上に上った者に対して怒りや嫉妬で足を引っ張り、攻撃が加えられる。その攻撃から身を守るために、お城の壁を強固にしていく必要性が出てきた。

以降、軽音楽の世界はショービジネスとして強固に立て直されていくこととなります。管理を十分に行いビジネスとして成功させるためには、一万人以上の観客を一度に集め、球場やアリーナなどでの大規模コンサートの開催が当然となる。そこでは、ガードマンが配置され、ミュージシャンと観客が厳然と分離され、管理が徹底される。舞台を乗っ取るなどという境界侵犯があってはならないわけです。

私が一九七二年に「パック・イン・ミュージック」を辞める際、吉田拓郎さんのプロデュースを手がけていた後藤由多加さんにこんなことを言われました(後藤さんは、当時、ユイ音楽工房の社長を務め、後に井上陽水さん、泉谷しげるさん、小室等さん、吉田拓郎さんらとフォーライフレコードを立ち上げています)。「北山さん、いいときに辞めますね。これからは大変な時代になっていきますよ」と。それは、こうした資本の力を使い、徹底的に管理されたショービジネスの世界へと、日本の音楽が転換していくことを予見しての言葉だったのだと思います。

失われたフォークソングの思想

また、そうした中で、若者が聴く音楽の形にも変化が訪れます。一九七一年に、私が堺正章さんに詞を書いた「さらば恋人」(作曲・編曲:筒美京平)という歌があります。同年の日本レコード大賞大衆賞を受賞しています。堺さんは、もともとグループサウンズのスパイダースのボーカルを務め、ジャズ喫茶風の司会者としての喋りもまた見事で、私も影響を受けたことがあります。しかし、「さらば恋人」もそうですが、このころからフォークソングの歌謡曲化が進んでいったように感じます。

本来、偉い先生が歌をつくって、プロの歌い手が歌うというスタイルの歌謡曲と、自らの私的なメッセージを歌に込めて、自らが歌うというフォークソングとは対立関係にあったはずです。しかし、それらが「ニューミュージック」という名のもとに統合されていったのです。フォークの時代は終わり、ニューミュージックの時代が始まろうとしていました。

なかでも、私にとって象徴的だったのは、吉田拓郎さんが、森進一さんに「襟裳岬（えりもみさき）」（作詞：岡本おさみ、一九七四年）の曲を提供したことでした。確かに心に残る名曲です。森進一さんの歌もうまい。しかし……。

アメリカでは、一九六五年に、ボブ・ディランがニューポート・フォーク・フェスティバルで初めてエレキギターを弾いたとき、フォークソングを支持していた観客からはブーイングの嵐が巻き起こりました。ここには、「帰れコール」と同じで、ディランの主張とファンの素朴な当事者意識が感じられます。

しかし、再びプロの音楽集団が売れそうなものを仕上げて、世の中に提供していくという再体制化の時代に移っていき、そのアンチとしての草の根からのフォークソングの思想も失われていってしまったように思います。着いたところが、やっぱり「何もない春」だった。私の心は、こんなはずではなかったという、どこか騙されたような気分でした。

こうした経緯で、エスタブリッシュメントに対抗して、一瞬であっても成功した若者の音楽による「私の革命」は、あっという間に自己矛盾に陥っていったというわけです。青臭いアマチュア精神を捨てて、プロの作詞家・音楽家として、新たに構築されつつあった巨大なショービジネスの世界に残ろうという気持ちに、当時の私は、どうしてもなれませんでした。そして向こうからも、もう呼ばれなくなったし、当然「お呼びでない」という気分でした。

「だって、北山は下手なんだもの」と、フォーク・クルセダーズのレコードを担当した当時のパシフィック音楽出版のプロデューサー朝妻一郎氏はからかい半分で言ってくれました。そういう見方ももちろんありますが、下手でよかったとも考えられます。下手くそという、この自覚のおかげで前線から撤退できた。

フォーク系のミュージシャンの中には、自らの音楽がもっていた思想を活かして農業や環境運動の世界に入っていった人もいます。畏友である高石ともや、岡林信康、盟友の杉田二郎たちも、もがいて試行錯誤を繰り返していたように見えました。しかし幸いにも、私には戻る場所があった。結局、〝週に一度の芸能人〟という立場も捨て、私は改めて軸足を定め、医学の道へと進む決心をしたのです。もっとも〝年に一度の盆踊り〟とでもいうべき時々のコンサート出演はありましたが。

さて、ここからは表舞台を降りてからの私の人生を語ることになりますが、「はじめに」でも述べたように、現役の精神科医として私的なことなどで語れない部分が増えることをお許しください。

命が失われてショーの幕が下りる――サーカスの歴史から学んだこと

大義名分はともかく、先にも述べたように、深層心理からいうなら、私が医学部へ戻ったのは、あの突然巻き込まれた現象は何だったのか、それを説明する言葉を見つけるためでもありました。それが、社会復帰にはどうしても必要だったのです。

それで医学生の後半から、私はショービジネスの原点としてサーカスに関心をもち、いろいろな本を読み漁り、研究しました。一時は、本気でピエロになろうと考えたことがあったくらいだというのは、第2章でも述べました。

かつてのサーカスや、それに伴う見世物の歴史では、「人魚のミイラ」などをでっち上げて見せたり、身体に変わった障害をもっている人を登場させたりして、禍々(まがまが)しい興行で人を引きつけていました。しかも、そうした耳目を引く見世物がない場合には、未熟児の生死を賭けた戦いを見せたりもしていたくらいです。大衆の欲望、関心を引きつけるためには、人の生命の危機さえも見世物として利用されてしまうのです。

サーカス団を舞台としたアメリカ映画『地上最大のショウ』(一九五二年)では、クライマックスでサーカス小屋の火事が発生しますが、人は火事さえも見世物として楽しむこともありました。日本でも、「火事と喧嘩は江戸の華」などと言われていました。何か危機的なものを観て楽しみたいという大衆の欲望は、美しいものだけを求めるのではなく、禍々しいもの、残忍なものなども求めるのです。

サーカスの原点ともいうべき古代ローマのコロッセウムでは、猛獣と奴隷を決闘させ、奴隷が猛獣に襲われて血が流れるのを、観衆が熱狂をもって喜ぶということも行われていました。命が差し出されて、はじめてショーが終わる。そうした生贄(いけにえ)を必要とするコロッセウムやサーカスの特性は、現代の文化や娯楽にも引き継がれているのだろうと感じます。

政治家もそうですが、絶賛を受けていた者が、ある事件をきっかけに引きずり下ろされ、徹底的に批判され、攻撃されるということが現在も繰り返されています。大げさに思われるかもしれませんが、実際、私も舞台で「殺されるのではないか」という恐怖を覚えたこともあります。「革命が起きたら、真っ先におまえらをぶっ殺してやる」などという言葉を投げつけられたこともあります。ほかにも、まだまだ話せないことがあり、先の舞台の「乗っ取り事件」なども、私にとっては恐ろしい経験の一端を示す限られた例にしか過ぎないのです。

ビートルズも、熱狂で大混乱するライブ会場で死の恐怖を覚えたことを語っていますし、実際、一九六六年、ジョン・レノンが新聞のインタビューに応え「ビートルズはキリストよりも有名だ」といった発言をしたことを契機に、殺害予告なども出されていました。特に一九七〇年代に入ったとたんに、ギタリストのジミ・ヘンドリックス、ロックシンガーのジャニス・ジョプリン、ドアーズのジム・モリソンと急死して、彼らの享年が二七歳と同い年であり、次に誰が死んでもおかしくはないと考えた瞬間もありました。

不気味な状況に囲まれて、サーカスの歴史について研究していく中、自分たちが巻き込まれた得体のしれない現象の意味が理解できるような気がしました。そして改めて、自分が置かれていた状況の恐ろしさを感じずにはいられませんでした。

気づいたのは、このサーカスの中で生きて長く残るには、人に操られるように見えるピエロになるしかないという伝統のことです。空中ブランコで落ちて死ぬこともなく、猛獣に食べられて死ぬこともなく。人びとの嫉妬や妬みを乗り越えて生き続けていく。

大学生活に戻りつつ、それでも二足の草鞋を履いて、週に一度ぐらいの芸能活動を行ってきた私にとって、「ピエロとして生きる」という可能性は、整合性のある自己表現であり、メッセージにすらなっていました。一九七一年に発表した私のアルバムのタイトルは『ピエロのサム』。ジャケットには、まさにピエロに扮した私自身の写真が使われ、またアーティスト名義も「キタヤマ・オ・サム」として、もう一人の私、すなわちピエロである別の自分を積極的に打ち出しています。

ですが、先の「乗っ取り事件」や〈みんなの音楽〉の終焉とともに、私はもはや芸能活動を続ける気が失せていきました。

ピエロに扮する著者の写真を使った『ピエロのサム』(1971年)のレコードジャケット.

ただし、ボブ・ディランの歌う「ミスター・タンブリン・マン」のように生きるということの意味は、若い私の人生に大きなヒントとなりました。笑われながらも、リズムをとり調子を維持する者の意義。精神科医の仕事も、時には芸能者としての役割を負うものなのだと思いました。特に、生き残ることを最大の価値として、自分や相手の心と付き合うなら。私は人の情緒の受け皿として、これを受け止めるという役割を果たしてきた。そして歌いながら考え、人びとが「知」と「情」の矛盾を生きていくことに役立っていく。そのうえで人びとの喜びと憎しみ、悲しみといたわり、といった相反する気持ちを共存させるための器となる。涙を隠しながら、笑って見えるピエロ。そして、その二重性をこなす。

精神科医としては、偉い医者よりも、ヤブ医者と言われるほうが、相手が、世界が、真実が、よく見えると思う。慰みを売る「太鼓医者」という言葉もあります。

もちろん、医学生だった当時に、精神科医としての仕事をこのようにはっきりと認識していたわけではありません。後になって考えていったことです。ただ、いまになって振り返ると、あのマスコミュニケーション体験やサーカスに関する個人研究から、新たな認識と見識を得て、私は自ずと心のことを考えて言葉にする精神科医の道へと歩みはじめていたように思えるのです。そうした体験のおかげで、後に『止まらない回転木馬』(中央公論社、一九七五年)や『人形遊び――複製人形論序説』(中央公論社、一九七七年)などの著作が生まれました。

空しさに付き合う

人前で歌を歌ったり、歌をつくるということは、人に夢や幻想を与えることかもしれません。そして、大衆は次から次へと新しいもの、もっと刺激のあるものを求める。個人的な自分の思いや体験をもとに歌をつくって、それがヒットすることは嬉しい体験ですが、大衆からは「では、次のものを」「もっと面白いものを」と要求される。作品が次々と消費されていく。こうした経験は、本当につらいものでした。おこがましいことをいうなら、私はフォークシンガーであり、プロの作家ではないのです。そして、とてつもない空しさに襲われはじめました。自分のやっていることに、はたして何の意味があるのだろうか、と。

もともと人の心には、どこかに空間、あるいは空洞があるのだろうと思います。その空間（あるいは「間（ま）」といってもよいのかもしれませんが、それは「魔」でもあるのです）を埋めることができたとき、人は満足が得られるのでしょう。しかし、空しさを覚えたとき、人はこの心のスペースをなかなか埋めることができないでいるのではないか。あるいは、埋められない穴ぼこが露出して、人は空しさを感じるのかもしれません。

精神分析家は、こんな説明をします。本来は、母親と子どもの間に実のある交流があったけれど、それがやがて失われることになる。そうすると、母親と子どもの間に大きなスペースが生まれる。この空間（間（ま））をどうやって埋めるかが、多くの人間にとっての課題となる。そして、それを創造的に埋めることに成功した者が、意味あるものを生み出し、意味ある体験をすることができるという見方です。

私は歌を歌ったり、歌をつくったりすることで、一生懸命、自分の中のその空間を

ロンドンにやって来た加藤和彦との曲づくりの様子.

埋めようとした。しかし、埋めても埋めても、次々と空間が生じてくる。いくら歌をつくっても、どんどん消費されてしまう。私には、大衆相手の迎合的な文化活動では、もはや空洞を埋め続ける方法を見つけることができませんでした。

とてつもない空しさの中で、私は作詞や芸能活動から撤退せざるをえませんでした。こうしたことを考えるきっかけになったのも、サーカスの研究からでした。

当時の私の心境を表したものに「夢」(作詞・作曲:北山修)という歌があります。これは、後にリリースされる『12枚の絵』(一九七六年)という私のソロアルバムの中に入っている歌です。このアルバムは一二曲のうち九曲が私の作詞・作曲によるものです(作詞は一二曲とも私)。これまでは、加藤和彦をはじめ、曲をつくる人間が私のそばにいたので、私は必然的に作詞を生業とできたのですが、このアルバムでは、私がロンドンに留学していたときに(後述)ほとんど一人で曲をつくっています。留学中に、サディスティック・ミカ・バンド時代の加藤が訪ねてきて作曲してくれたものもあります(「旅人の時代」)。「夢」に象徴されるように、このアルバムは音楽の可能性への幻滅、引き裂かれる自分の苦しさを率直に表現したものです。〈みんなの音楽〉が終焉し、音楽が次々と消費されていくことの空しさ――。

精神科医の対話による仕事とは、時に、この空しさを埋める言葉を発見するのをお手伝いすることなのだと思います。空しさを埋めるために、薬物に手を出したり、アルコールに依存したり、ということが起こりがちです。さらに精神分析的な精神科医は、空しさの存在を考え、これを言葉によって理解し、その意味を見つめてこなしていくことが仕事なのではないか。

私自身が感じた巨大な空しさ。それに向き合うためにも、私もまた精神医学の道を選ばざるをえなかったのだと思います。

「夢」（作詞・作曲：北山修）

今　私の夢は　こわされねばならない
今　あの人の夢が　こわれたように
絶望の中を　生きて行くには
気休めの夢より　自分が欲しい
夢をかける　回転木馬をさがし

旅に出たのが　五年前のこと
ふりかえりながら　歩いて来たけど
ついたところが　出発駅さ

夢をみすぎた　今の私に
残された言葉は　何になるだろう
苦労しらずと　笑うがいいさ
自分を殺す　勇気もないから
お酒によった　夜の街は
いつもきれいさ　美しすぎる
見たくもない　夢をおしつけられて
おぼれているのが　自分じゃないか

傷口をなめあう　こんな世界で
涙をみせるのは　たやすいことさ
絶望の中を　あの人が行く
おゝ　何と美しい姿だろうか

今　私の夢は　こわされねばならない
今　あの人の夢が　こわれたように
絶望の中を　生きて行くには
気休めの夢より　自分が欲しい
絶望の中を　生きて行くには
気休めの夢より　自分が欲しい

中央から離れて——札幌医科大学へ

こうして作詞や芸能活動から撤退した私は、一九七二年に京都府立医科大学を卒業したあと、札幌医科大学へ行くことを決めます。もちろん、芸能活動からの撤退に若干の迷いもありました。その証拠に、テレビをつけると自分が知っているミュージシャンが出ていて、ものすごく嫉妬することもありました。

でも、意を決して、ギターを倉庫にしまい、またテレビも観ないようにしました。するとすぐに気分が落ち込むので、歌だけはやめられないなあと感じていました。

札幌医科大学を選んだのは、学園紛争後、京都府立医科大学もいろいろと混乱した状態は残っていて、少し落ち着いた環境に身を置きたかったからです。中央から少し距離を置きたかったのです。そんな時、私がお世話になっていた教授が、札幌医科大学を勧めてくれました。そして、私はこの大学の和田武雄先生の研究室で学ぶことになります。和田先生は内科が専門であり、心から尊敬できる方で、最初の「心の師」だと考える先生です。

私は精神科医を目指していましたが、まずは人の体をきちんと扱うことのできる医者というものになりたいと感じていました。当時は、インターン制度が廃止になったころで、医学部卒業後すぐに国家試験を受けて医者になれるようになりました。だから、私も札幌医科大学に行かなくても医者になれたのですが、それでも内科からもう一度、学び直したいという気持ちがありました。

内科を選んだ理由には、実は、もう一つの出来事が関係しています。フォーク・クルセダーズを解散させて京都府立医科大学に戻ったころ、私に対し、一方的に恋愛妄想を抱いた女子学生が学内に現れました。現実には口も聞いたことのない間柄でしたが、妄想の中では対話が続いていたのだと思います。それゆえ本当に仕方のないこととはいえ、キャンパスや自宅付近で彼女に追いかけられることは、私にとっては実に不愉快なことでした。結局、姿を見なくなって一年後、彼女は自ら命を絶ってしまいます。

彼女の抱えている問題を、医大の精神医学教室で扱ってくれようとしたこともありました。でも、結局はうまくいかなかった。すぐそこで進行している精神の問題に、精神医学としてきちんと対処できなかった。精神医学の力のなさを思い知らされ、一時期、精神医学に失望したこともありました。そんな経験も、すぐに精神医学を選ばないで内科実習を選んだ大きな理由です。

北の単科大学、札幌医科大学は、私にとって本当に恵まれた環境でした。いまでも北海道を訪れたときなど、このときの同期や先輩たちとすすきので会って、いっしょに食事をしたりするのが本当に楽しみです。新入医局員の集まった研究室の内線番号をいまだに覚えているぐらいです。自分にとっては安心できる居場所になりました。

このときの心境を後に歌にしたのが、先述のアルバム『12枚の絵』に収録されている「北の海の道」です。

札幌の医大は多士済々で、医師としても立派な、いろんな意味で面白い人たちが揃っていました。私が音楽をやっていたのを知り、自分もかつて音楽をやっていたと声をかけてくる人もおり、類は友を呼び、変わり者や流れ者同士が非常に仲良くなれたのです。何よりも異種混交状態で、偉い教授も、若い彼らも、私のような経歴の持ち主も医者になっていいんだというメッセージを伝えてくれました。ここでともに苦労し、同じ釜の飯を食った仲間は、私にとって一生の大切な仲間、そして帰る場所となりました。

振り返ると、当時の医学部というところには、まだまだ二足の草鞋を履いているような多彩な人たちがたくさんいたのです。たとえば慶應義塾大学には、精神科医でエッセイストの北杜夫さんやなだいなださんがいたし、東大には精神科医で作家の加賀乙彦さんもいました。漫画家の手塚治虫さんも大阪帝国大学附属医学専門部の出身ですし、また金井克子さんや由美かおるさんを輩出した西野バレエ団の創始者・西野皓三さんも大阪市立医学専門学校(現・大阪市立大学医学部)在学中に、宝塚歌劇団男子部に入団してバレエを習得したといった経歴をもっています。

札幌医科大学には、ちょうど私と入れ替わるように出ていった、整形外科医で小説家の渡辺淳一さんがいたこともあり、文化的な活動についても寛大な雰囲気が感じられました。

すでに述べたように、京都府立医科大学の五年後輩の大森一樹さんのときには、医学部にそんな余裕はなかったといいます。歌を歌っていても、勉強さえしていれば医者になれたという時代は、大森さんが医大生だったころには消え去っていた。必要とされる勉強量がものすごく増え、現在の内科の教科書なども私たちの時代と比べると三倍ぐらいの厚さになっています。一年間、休学して音楽活動をして、などという青年期に必要な「ワンダーフォーゲル」の思想は、もう医学部では通用しないのです。自分の体験と照らし合わせても、とても残念なことです。医学しか知らない医者に出会うことは、患者にとっても不幸なことかもしれません。

精神医学という原点に立ち返るために――ロンドンへの留学

中央から離れ、恵まれた環境で過ごせた札幌医科大学の研修生活ですが、ここでも困った事態が起こります。週刊誌の記者などが「北山修は、いまどうしているのか」と病院にまでやって来て、カメラを抱えて追いかけ回す。さらに、私だけでなく、患者さんやそのご家族にまでインタビューしようとする。本当に申し訳ない思いでいっぱいになりました。

また「テレビで歌っていたような人にわが子を診てもらいたくない」などと言って、母親が診察室から去っていったこともありました。よくわかりますが、そういうことが続くと私は傷つきました。

結局、日本にいる限り、どこにいても追いかけられる。日本で医師になるのは無理なのではないか。それ以前に、主体性を取り戻したいという自分の希望もかなわないのではないか。もっと落ち着いて自分を見つめる環境と時間がほしい。

そう考えたとき、私は日本を離れ、海外留学をすることを思いつきました。幸いにして、詞をつくった印税が手もとに残っていたので、それを留学費用にすればよかった。

早速考えた留学先については、アメリカとイギリスの二つの選択肢がありました。すでに東京のマスコミ時代にお世話になっていた奈良林祥（ならばやしやすし）先生に相談しました。奈良林先生は『HOW TO SEX』(ベストセラーズ、一九七一年)などの著書で知られる東京医科大学出身の婦人科医で、マリッジ・カウンセリング(結婚生活に関する相談)のパイオニアでもありました。著書がベストセラーとなり、マスコミにもよく出ていたこともあって、私は悩みを相談しやすかったのです。そして何よりとてもまじめな先生でした。

奈良林先生は、アメリカに行ったらいいと助言されていました。シカゴ大学か、フィラデルフィア大学ならマリッジ・カウンセリングのコースもあり、紹介できると勧められました。

ところが、そのころ、私はロンドン大学精神医学研究所の研修コースの入学者募集の広告を目にしました。ロンドン大学で大学院生として臨床実習を行い、なおかつ付属のモーズレイ病院で医者として診察することもできるという、卒後研修のコースでした。私は、これにも応募することにしたのです。

結局、奈良林先生が薦めてくれたアメリカではなく、イギリスを選んだのは、ビートルズやルイス・キャロルの作品に親しんできたことも大きいですが、ロナルド・D・レインの影響も無視できません。レインは『ひき裂かれた自己』(阪本健二ほか訳、みすず書房、一九七一年)などの著書で知られるイギリスの精神科医ですが、同時に詩人としても活躍しました。ルイス・キャロルも、本名はチャールズ・ラトウィッジ・ドジソンという数学者です。私はこうした二面性をもった人に惹かれるのです。幼少期に感じ取った京都駅前の二面性、早いころから私自身の内面に感じ取った二面性。私にとって、この二面性の問題は大きな基本テーマとして、現在まで存在し続けています。

また、精神医学をもう一度、きちんと基礎から学び直したかったというのも、アメリカでのマリッジ・カウンセリングという限られた領域ではなく、イギリスでの精神医学全般の研修を選んだ大きな理由です。札幌医科大学では、内科の実習を行っていましたが、自分の原点は精神医学にあると改めて感じました。

そう感じたのには、私が作詞家だったことも影響しています。作詞というのは、人間の心の中と交流し、その中にあるものを言葉として紡ぎ出していく行為です。そして精神医学もまた、本人や周囲が理解できない心の現象を言葉で分析・説明する仕事でもあります。しかも、私が経験した、あの訳のわからないマスコミュニケーションの渦中における混乱は何だったのか、その意味を理解したいというのが、医学部に戻った大きな動機の一つでした。再びこの原点に立ち返ろうと考え、イギリスへの留学を選択したといえるでしょう。

こうして、札幌医科大学での二年間の研修を経て、一九七四年、私はロンドン大学へと旅立ちます。ビートルズやルイス・キャロル、あるいはマザーグースの歌などに親しんでいた私は、当時の日本人としてはマシな英語ができ、入学試験の試験官にも驚かれました。私以前に講義を受けたり、実習や研究でロンドン大学精神医学研究所に留学した日本の医者、あるいは医者の卵は少なからずいたでしょう。しかし、医者として患者を診るコースに入ったのは、日本人としては私が初めてだったと思います。日本で最初に精神医学の教科書として翻訳されたのが、モーズレイ病院のテキストだったこともあり、モーズレイ病院は日本の精神医学の世界でも有名でした。

大学に来て、特に印象深かったのは、世界中から精神科医の卵がやって来ていたことです。中東やアフリカの発展途上国からも公費や私費で医者たちがたくさん留学してきていました。彼らは、母国の医学の発展を一身に背負って、ここにやって来ている。かつての日本における森鷗外のような存在なのでしょう。そんな優秀な学生たちがたくさんいました。そうした人たちと交流し、おつきあいできたことも、私には大きな財産となったのです。

しかし、私にとって何よりも運命的だったことは、ここで精神分析学と出会ったことでしょう。

行動療法 vs. 精神分析

私は、ロンドンに留学するまで、精神分析とは何かをまったく知りませんでした。確かに、一九七一年に刊行したエッセイ集『戦争を知らない子供たち』(ブロンズ社)の「あとがき」を改めて読んでみると、すでに「精神分析」という言葉が使われていたりします。だから、京都府立医科大学の学生だった当時から精神分析に関心はもっていたのだと思います。この「あとがき」では、人間の葛藤を取り扱うという意味で使用しており、「正常な人間の心を精神分析していくと必ず「正義漢でもありたいし、お金も儲けたい」と出る」と記しています。精神分析が葛藤の心理学であるという理解は正しいのですが、それが無意識の葛藤を扱うものであることをわかっていません。もちろん、大学での精神医学の講義でも精神分析学について学びますが、それほど深い知識が得られたわけではありません。ロンドンに行った際も、もう一度、原点に立ち返って精神医学を学ぼうと思ってはいたものの、精神分析を専門とする医者になろうと決心していたわけではありませんでした。

ロンドン大学では、精神医学研究所心理学部主任を務めていた心理学者のハンス・アイゼンクが主唱していた行動療法の研究ユニットがあり、新しい学問分野の構築を目指していました。私は最初の実習先として行動療法の部門に配属されることになりました。ちなみに、私が手がけた最初の精神医学に関する翻訳は『恐怖の意味――行動療法の立場から』(S・ラックマン、誠信書房、一九七九年)であり、サブタイトルにあるように行動療法に関する研究書です。

行動療法というのは、精神医学における治療法の一種ですが、精神分析療法に対して、行動を扱って行動そのものを変化させることを目指す治療法です。精神分析は、人の言動の背後にある心の動きや意図を読み取り、言葉によって解釈していくのですが、行動療法はこれを批判します。心を読み取るというときの解釈に科学的根拠はなく、どうにでも解釈できてしまう、心の意図や意味はいわばブラックボックスとして置かれるべきものなのだ、と。なので、行動療法では、心ではなく、目に見える行動を中心に、精神医学をとらえ直していくことを目指します。精神分析が心の中を扱う深層心理学であるのに対し、行動療法は心の外を扱う表層心理学となります。

当時のロンドン大学では、この両派が対立しており、面白いのは、教授たちが集まるケースカンファレンス（症例検討会）でも、両派の教授たちが、ほとんどケンカのような論争を日々、繰り広げていることでした。どっちの治療法が患者にとって有効なのかを、様々な観点から主張し合うのです。有効とされれば、そちらに予算や人員が多く配分されることになるので、両派の対立は、予算や医者の取り合いという側面もありました。

しかも、その論争が若い医者たちの前でも連日、繰り広げられるのです。そして、その論争を見ながら、若者に自らどちらの学派を選ぶかを選択させるのです。あるいは、その両方を統合した思想を学生が学んでいくこともあるでしょう。こうしたディベートを通じた教育スタイルは、日本の大学などでは考えられないことでした。しかし、私にとっては、こうした容赦のない論争はとても新鮮で刺激的であり、そこからたくさんのことを学びました。

精神分析の道へ

最初、私は行動療法の部門に所属しましたが、すぐに精神分析的な精神療法を行う部門に参加してゆきました。そして、精神分析学そのものに惹かれていくことになり、最終的には、精神分析学を学ぶことを選びとっていきました。精神分析のほうが体験の意味を問題にし、圧倒的に面白く感じられたからです。

心の中で起きていることを観察し、気づかれていない意味や意図を言葉で解釈していくということは、まさに私がそれまで欲していながら、自分ではできないでいたことでした。あの突然訪れる空しさを、いったいどう考えればよいのか。あのマスコミュニケーション体験は何だったのか。私は、それを知りたかった。

もっとさかのぼれば、駅前に進駐軍がやって来たときの喧騒や、父親がＭＰに連れ去られた体験、あるいは、京都駅が火事になった事件など、私の心に生々しく刻み付けられながら、でも、納得できずに腑に落ちないままでいる出来事が、いろいろとあります。京都駅周辺で体験した差別をめぐる問題、女子学生に恋愛妄想を抱かれたことなどもそうです。私にとっては、こうした体験を言葉にして、解釈することが急務だったはずです。意識はしていなかったのですが、精神分析学に飛びつくのは、当然だったのでしょう。心の中に無意識に存在しているものに言葉で名前を付けて、意識化させていくことが精神分析の方法ですが、それが私の目標でもありました。

また、私が二つの相反する状況に置かれやすく、どうすればよいのかもがき苦しんできたことも、精神分析学を選びとる要因だったと思います。人前で演奏するなどの文化活動、すなわち「遊び」と、大学の学問で必要とされる科学的な思考、知恵や理性。音楽と医学。意味と無意味。理想と現実。そして、最初に述べた「知」と「情」。逸脱や自由を求めながら、権威や掟によって抑えつけられる。そんな二分法状況に置かれた者が、自身の直面している葛藤にどう向き合うかを考えれば、ある意味、精神分析学を選ぶのは必然的なことでした。私にとって、精神分析学は、そうした二つの相反するものの接点を探り、その両方を共存させてくれる方法のように感じられました。

その意味では、精神分析家の中には、他者のための治療法として精神分析学を選んだ人も多いと思いますが、私にとって精神分析学は、まさに居場所でした。二面性にさいなまれ、落ち着かないで揺れ動く私に、「いること」のための場所を与えてくれたのです。

眼を開いて見えてきたもの

日本では、「あれも、これも」と活動してきた私は、ロンドンでの二年間の留学生活で、精神医学の研究に専念することになります。

実は、研究に専念できたのは、私の眼の問題も大きく作用しています。第2章でも述べましたが、私は外斜位という持病をもっていて、そのことで読書が苦手だったり、思いもかけぬ失敗をしたりしていました。私は自分が眼に小さな異常を抱えていることを知らず、不便さだけを感じていたのです。

ところが、話は前後しますが、京都府立医科大学の最終学年のころ、眼科の実習で、私の眼に障害のあることが発見されるのです。カバー・アンカバー・テストという検査で、一方の眼をしばらくカバーして、すばやくカバーをとって両眼視させると眼が反射的に大きく動いて中央に寄るという現象が発見されたのです。つまり、眼をつむると両眼が外に大きく開くという現象です。この発見のおかげで、いつも力を入れてものを凝視し眼で確認する癖と、読書が一〇分くらいで嫌になる傾向は「なまけ」ではなく、身体的な説明が可能となりました。そして手術で本が楽に読めるようになるという可能性もひらかれたのでした。

眼科の足立興一先生は私に説明し確認されました。「本が読めるようになりたいのか？」と。卒業試験や国家試験を待つ身としては答えはもちろんイエス。こうして、京都府立医科大学の眼科教室のスタッフの手で、発見の数カ月後、眼球の内側の筋肉を短縮するための手術が実行されました。手術は成功し、私はこれまでとは別の体験世界を獲得することになりました。したがって、ロンドンに行った際にも、落ち着いて本が読めるという喜びにあふれていたので、いっそう勉強に専念することができたのです。

もっとも、手術は、視覚の末端の器官だけを加工するものだったので、脳の後ろの構造が相変わらず外に向かおうとするため、その後、しばらくして眼は元の状態に戻ってしまいました。疲れたり酔ったりすると二つに分かれてしまい、物事が見えにくくなったのです。そのため、後にロンドンから帰国した私は、二度目の手術を受けることになりました。

ウィニコットの思想との出会い――「あれと、これと」の肯定

私がロンドンに行った一九七四年は、有名な精神分析家のドナルド・ウィニコットが亡くなってからわずか数年後のことでした(ウィニコットは一九七一年一月に死去)。なので、モーズレイ病院では、いたるところでウィニコットのことが話題になっていました。

このとき、私はウィニコットについて、ほとんど知らず、これほど話題になる人物がどういう人間なのか、とても関心をもちました。精神分析学の先駆者ともいうべきフロイトについての本も、日本にいたときに読んではいませんでしたが、このあまり聞きなれないウィニコットという人物に急速に興味をもつようになっていきました。

それでフロイトの書物とともに、ウィニコットの本を読み漁りました。それは、眼の手術を行っていたことも大きいでしょう。書物を読める喜びに満ちあふれていましたか

ら。

私が特にウィニコットに惹かれた要因は、私が関心をもって身を置いてきた文化活動に対する考え方にもありました。文化活動について、フロイトは欲望の置き換えであると主張しました。置き換えにすぎないのだから、いくら文化活動を行っても満足は得られないし、欲求不満が残るというのがフロイトにおける文化の位置づけです。だから、文化が栄えても、けっして戦争はなくならない。どんなにおいしい料理が出されても、それで心底満足するわけではなく、適当に妥協しているにすぎない。父性的なフロイトの考えでは、基本的にそうなります。

一方、ウィニコットは精神科医と同時に小児科医だったこともあり、その文化観は母性的です。ウィニコットの文化に対する考えは、こうです。母子が密着していた状態から、やがて母親がいなくなる。そうすると子どもは、主体的に遊びながら、その不在を何かで創造的に埋めようとする。その母親に抱えられながらの自発的な創造こそが、文化だというのです。フロイトのように、文化を単なる欲望の置き換えとして否定的にとらえるのではなく、むしろ積極的な意味を見出します。

第1章でも触れたように、ウィニコットは、乳幼児期の子どもが特別の愛着をもつものを「移行対象」と呼びました。母親に依存して常に欲求が満たされやすいために子どもが抱いていた全能感(錯覚)や自己愛が、母親が離れていくことで崩壊する。母親の不在により、子どもは欲求不満を覚えますが、母親の感覚を思い出させる移行対象(ぬいぐるみの熊など)に触れることで、母親代理を創造し不安を軽減させていきます。そして、子どもが成長し、主体性や自主性が育っていくにしたがい、空想から出て客観的世界を認識できるようになり、全能感を適度に現実的なものへと変えていくことになる。この過程を、ウィニコットは「脱錯覚(ディスイリュージョン)」と呼びました。「幻滅」と訳されることがありますが、それでは外傷的で誤解を招きます。空想や錯覚から現実への脱錯覚に至る過程で、移行対象が二つの重要な橋渡しの役割を果たすとウィニコットは考えたのです。

したがって、ウィニコットの考えでは、遊びも、移行対象の発見も、現実を生きることに等しいぐらい重要な役割とされます。一方、フロイトのほうは、遊びは現実からの逃避でしかない、と考えるのです。

こうしたウィニコットとフロイトの考え方の違いについて、精神分析の世界では、現在でも論争が続いています。ウィニコッティアンなのか、フロイディアンなのかが問われたりもします。私の場合は、必ずしも、そのように対立的にとらえるのではなく、精神分析学の父親がフロイト、母親がウィニコットである、とよく主張しています。ウィニコットの考えは、母性的な要素が強く感じられるのです。

遊びの役割を重視するウィニコットの考えによって、私は自分が真剣に悩み、心が引き裂かれる思いだった問題に、ようやく一つの回答を与えられたような気がしました。学問や仕事をとるのか、遊びを続けるのか。創造や芸術が大事なのか、それとも自分のやりたいことを犠牲にして生活のために生きていくことが大切なのか。マスコミュニケーションなのか、パーソナルコミュニケーションなのか……。こうした私が悩み続けてきた問題に、ウィニコットは「あれか、これか」の選択ではなく、父や母のように「あれと、これと」の両方が意味のあることなのだ、と答えてくれたのだと思います。私は、初めてそうした共存の思想というか考え方に出会ったのです。

ウィニコットの思想と出会うことで、いままで両方に引き裂かれかけていたものが接点をもちはじめた。分裂しかけていた「私」というものが、もう一度、渡せるようになった。二つの相反する立場で葛藤し、心が揺れ、分裂しかけている。その両極の片方を捨てるのではなく、むしろ二つを重ね合わせ、そのど真ん中の葛藤を生きて、創造的に生きる意味を見出していく。私はそれまで、自分のことを「半体制派」などと自嘲気味に語ったりすることがありました。学生運動の極端な思想に共感を覚えながらも、ラディカルな流れに乗ることのできない自分がいる。エスタブリッシュメントに闘いを挑みながら、いつの間にかマスコミュニケーションの人気者となってしまった自分。しかし、二重性を自嘲する必要などない。二股をかけて両方に足をつっこみ、どっちつかずでいることが、人間なんだ。ウィニコットが、私にそう語りかけているように感じられました。私はウィニコットの著作に飛びつきました。

「心の免震構造」の大切さ

よく私たちは、「竹を割ったような性格」とか「一本気な性格」という言い方をします。それは性格に表と裏がなく、潔いこととして肯定的に使われる表現です。あるいは、「一途(いちず)に相手を思い続ける」という言い方もあります。しかし、本当に「一途」などということがあるのでしょうか。裏表なく一つの性格を貫きとおすことができるのでしょうか。むしろ、一途ではなく、二途、三途であるのが、実際ではないでしょうか。

人間の性格には、いろんな柱がある。その柱の一本だけに全面的に依存するのではなく、何本もの柱を束ねて生きていくことが人間には大切なのです。私は、これを機能的にとらえて「心の免震構造」と呼んでいます。建物でも、一本の柱だけにすっかり依存していては、すぐに崩れてしまいます。建物は一本の大黒柱でスクッと立っているのではなく、いくつもの柱によって、揺れながら全体として強度を保てているのです。

「心の三角形」という考えでは、エス、スーパーエゴ、自我によって自分が成り立っていることを紹介しました(15ページ)。それらを紡いで一本に束ねようとすることが、まさに生きることであるわけです。三つのうち一つだけを生きると、人間は倒れやすくなってしまう。三つを束ねていくことが大切なので、これを一本にしてしまうとむしろ折れやすいのです。もちろん、統合することは、そう簡単ではない。阿修羅像には、三つの違った表情の顔がありますが、このように一人で三つの違った顔をもっているのが、私たち人間なのでしょう。

ウィニコットの思想を学ぶにつれ、そうした考えがさらに深まっていきました。このウィニコットの思想との出会いがなければ、現在の私は存在していないといっても過言ではありません。

精神分析を生きる

精神医学研究所で理論を学びながら、実習現場であるモーズレイ病院では、医者としての臨床が続きました。それは、博物館のように、精神医学のことなら何でもある精神病院でした。後に私の関心事になる障害者アートのコレクションも充実していて、病院の廊下に掲げられていました。

精神分析的な治療を行うために、当然のことのように自分が精神分析を受けることにしました。行うためには、それを受けねばならないという自然な論理です。私の精神分析を担当してくれたのは、トマス・ヘイリー先生です。週に四、五回、カウチと呼ばれるソファに横たわり、ヘイリー先生を相手に、自らの体験などを思いつくままに話します。

ヘイリー先生は精神分析家でありながら、文化人類学者でもあり、インドの風俗や文化などにも関心をもっていました。当然先生からは、自分について、幅広くたくさんのことを学びました。

たとえば、ヘイリー先生は、私が使っていた言葉を、ときどきそのまま使って話すことがありました。私の父親は、私が子どものころ、私のことを「ぼうず」と呼んでいました。日本語で「ぼうず」とは僧侶のことであり、また子どもを低く見るときの呼称であり、私は「ぼうず」と呼ばれるのが嫌だった、といったことを話しました。すると、ヘイリー先生も「ぼうず」という言葉を取り上げ、「そうか「ボウズ」と呼ばれるのが嫌いだったのだな」と応答したりしました。このように相手の使っている言葉に注意を傾け、その言葉を分析者自らも使ってみることが大切であることを学んだりもしました。

ヘイリー先生には、幼少のころからの記憶を思いつくままにいろいろと話しました。幼いころに京都駅が燃えてしまいショックを受けたこと、父親への不満、中高時代の友が自宅に放火して自殺したこと、芸能界でのマスコミュニケーション体験、そして他人が向ける羨望の怖いこと……。

そうした私の話を聞いて、ヘイリー先生は私という人間を大きく次のように解釈しました。

「君は、父親を喜ばせるために医者になり、母親を喜ばせるために歌を歌い続けたのだろう。両方を喜ばせようとしている。普通は、そのどっちかを選ぶものだ。その結果、父親が喜んだら、母親が悲しむし、母親が喜んだら、父親が悲しむ。それがエディプス構造なんだ。君は、あれもこれも喜ばせようとしていたのではないか。欲張りすぎではないか」

ヘイリー先生の解釈を聞き、まさにそういうことだったのだと痛感しました。私は、母親と父親のどちらかに引き裂かれないように、両方を喜ばせようとしてきたのではなかったか。歌って母親を満足させながら、スーパーエゴ的な父親の要求を満たすために医者の資格も得ようとした。その万能感の結果、どっちつかずで、中途半端だったのだ、と認識できたのです。

やはり、「あれか、これか」のどちらかという問いは避けられない。「あれも、これも」は贅沢で貪欲であり、「あれと、これと」、あるいは「あれとか、これとか」とやや謙虚に並列させるべきものなのでしょう。

そして、「あれか、これか」の選択の中で、「あれ」を選んだら「これ」は断念せねばならない。

「君はビートルズが羨ましかった。だからイギリスまで来たのだな」と先生に解釈されました。私が周囲からの羨望が怖いと感じるのは、私の羨望が強いからだとも。

通常は、「二兎を追うもの一兎も得ず」となりがちなのだけど、私はたまたま両立させることができる幸運に恵まれた。遊びが仕事となり、仕事が遊びとなるような両立したときが、一瞬だったけれど、あった。その瞬間、プレイしながら自己を管理するビートルズでありえたのでしょう。

私は芸能界から撤退したけれど、作詞家として仕事を続けて、仕事と遊びを両立させることができたのだと思う。普通は仕事では遊ばないが、プレイするミュージシャンやプロスポーツ選手など、限られた場合にだけプレイヤーとして、これが可能になるのでしょう。私の場合も、その両立を私なりのやり方で可能にしていたのだと思います。

こうしたヘイリー先生による精神分析を受けながら、私にとっての生来のテーマが徐々に浮かびあがって意味が発見されてゆきました。精神分析学でいう外的な要求と内的な要求の両方を成立させる方法はないだろうか、ということです。私の場合、曲がりなりにもその両立が可能になった瞬間はありましたが、そうした状態では、とかく中途半端になりやすく、また葛藤や不安にさいなまれることにもなります。世の中では、「どっちつかず」などと言われて、良く思われません。普通は居場所もないし、その状態で連続性を保つことにも、大変な苦労がともないます。

しかし、社会の価値観や文化状況が多様化していく中では、その両立は現代人すべてにとって課題なのだと私は考えます。少なくとも、私がこれまで歩んできた人生において、外と内の境界で引き裂かれる形で直面してきた個人的問題と、その間を発見し、そこに何かを創造するという、精神分析学の実践で目指す課題とが重なったのです。精神分析学の道を生きることは、私にとっては人生を生きることそのものに思われました。

フロイトとウィニコットの思想との出会い、そしてヘイリー先生による精神分析体験を通して、私は精神分析を自らの人生として選びとっていくことになったのです。精神分析のトレーニングを受けるためには、自らが精神分析を受ける「訓練分析」という課程が必要なのですが、帰国後このヘイリー先生による精神分析が訓練分析として認められることになりました。

患者との出会い

こうした教育や講義を受けながら、私は実際の患者さんを診ることになるのですが、さまざまな患者さんとの出会いもロンドン留学の中では大きな体験でした。なかでも、ある特定の患者さんの診療がとても記憶に残っています。

その患者さんは不安神経症を患っている若い男性でした。子どものときから、心身症的な症状があり、それが悪化していて、特にこの数カ月の間は苦しく、癌のせいかもしれないと心配している、というような症状をもつ患者さんでした。

数十回におよんだ週一回の精神療法では、主にエディプス・コンプレックスの分析をもとに分析的治療を続けました。子ども時代のこと、「攻撃的で、理想が高く」「挑戦的になる」という父親との関係のこと、働く母親のこと、弟に対する同性愛的な体験などを患者さんが話し、私は彼とともにその意味を分析、解釈していきました。コミュニケーションの行き違いなど、いろいろな困難に直面しながらも、最後の面接で、私は彼に「あなたから実に多くのことを学んだ」と伝えると、彼も「私も同様だ」と答え、握手をしてくれました。

私にとって、この患者さんとの出会いがとりわけ大きな意味をもっているのは、この患者さんの理解と治療についてケースカンファレンスでプレゼンテーションを行うように、病院から指名を受けたからです。

ケースカンファレンスでは、モーズレイ病院に勤務する医師三〇〇人近くが出席し、彼らの前で自らが扱っている事例について報告します。その報告に対して、出席している医師から様々な質問が投げかけられます。

そして、何よりも驚かされたのは、患者さんもこのケースカンファレンスに出席するのです。しかも出席者からの質問もなされます。「この医者の精神療法を受けるということはどういう体験だったのか」といった質問です。そうした実際の患者さんとの応答が、若い医師たちの教育にも大いに役立つのです。

臨床実習や臨床講義などで、患者さんが自ら出席するというのは、主治医にとってとても大変なことです。実際、私が診ていたこの患者さんも、出席に同意しつつも、その前後の面接の中で、出席することの不安について怒りを交えながら私に語ったりしていました。一八八〇年代にパリに留学したフロイトも、当時、ヒステリー研究の最高権威だったジャン＝マルタン・シャルコーの講義で、患者が医師とともに出席し「共演」することに、劇場的体験をしたような驚きを覚え、そのことを妻マルタ宛てに興奮して書いた手紙が残っています。

私がケースカンファレンスに指名されたのは、治療に対して熱心に、そして誠実に取り組んでいることが評価されたからのようで、それは光栄なことでした。しかし同時に、英語が不十分でもある私は、当然ながら大いに不安でもありました。しかも、患者さんが当日、出席するのです。

不安を覚えている私に、上司だったパウエル先生がアドバイスをくれました。それは「当日言う冗談を三つ考えろ」というものでした。これは、きわめてイギリス的なアドバイスです。政治家や王室などで、国民から評価されるポイントの一つに冗談がうまいかどうか、という要素があります。冗談がうまく言えるというのは、それだけ落ち着いており、どんな状況でもこなせる自我が柔軟なのだという見方があるのでしょう。

私は当日に向けてレジュメを一生懸命つくるのと同時に、三つの冗談についても考えました。

私にとっての一番長い日

一九七六年六月二一日、ケースカンファレンスが開催されました。私にとって、この日付は、これまでの人生の中で最も長い一日として記憶に刻まれています。私の報告は、患者さんがみた夢についての分析を中心に行いました。

患者さんが語った夢の中に、彼は安い肉を買いに行くというものがありました。司会者から「安い肉とは何か？」と聞かれたので、それは私による(それも外国人による)保険診療のことだろう、と自覚して答えたところ、会場からは大きな笑いが起こったことを、よく覚えています。また私が事前に考えた三つの冗談も成功しました。

前述したように、当時は、行動療法と精神分析療法が対立しており、私たち精神分析のグループに対して、行動療法のグループからの非難がなされないかと警戒もしました。しかし結果的には、行動療法グループからの指摘もそれほど厳しいものはなされませんでした。報告はおおむね好評だったようです(この症例については、『「内なる外国人」――A病院症例記録』(みすず書房、二〇一七年)に詳しく報告しています)。

こうしたケースカンファレンスを通して、私が学んだことは、自らが正しいと思っている考えや行動について、人前でそれを言葉で説明し、相手を説得することの大切さです。後に九州大学の教員となったときに、よく学生などから「どんな臨床家になったらいいですか？」と聞かれることがありました。それに対して、自分の考える「よい治療者」「よい医者」「よい教員」らしきものを、自ら学生の前でも、あるいは教授が集まるような場でも実践し、人前で説明し、提示することが重要だ、というのが私の答えです。

その生き方をかけた説明に対し、いろんな視点、いろんな考えから質問がなされたり、あるいは批判がなされるかもしれない。しかし、それを言われながら、そこにみっともなく立ち続けても、意見をどう提示できるか。冗談を駆使するというのも、その道具の一つでしょう。どうパフォーミングし、言葉で自分の考えを相手に伝えるか。これも重要な能力だと考えます。ある意味、医者という仕事も、そうしたパフォーミングの連続だといえるかもしれません。

時おり思うのは、私たち精神科医にとっては、たとえば新興宗教がライバルではないか、ということです。あるいは、「IS(イスラム国)」のようなテロ組織もライバルかもしれない。つまり、悩みを抱えて、迷っている人たちが、「こうすれば救われる」とか「これが世界のために必要な正義だ」といった言説に惹きつけられて新興宗教やテロ集団に向かうのか、それとも精神科の門を叩くのか。

この場合、精神医学が実証主義で対抗しようとしても、無理だと思います。精神科に来れば、よい人格になれます、よい性格になれます、といった結果主義では、より高度な次元の達成(「こうすれば、あなたは金持ちになれる」など)を売り込む、表の宣伝や魔術には太刀打ちできないでしょう。その意味では、深層心理を扱い、目に見えぬ無意識をも考慮して、裏で実践される精神分析の主張とやり方がそれに対抗すべきではないかと考えます。しかし、人びとを説得するためには、人びとを相手に理論を自己紹介してその意義を主張し続けなければならないし、自らパフォーミングし、市民権を得なければならない。

新興宗教やテロ集団は、具体的にこうすれば報われる、ここに行けば救われるといった主張をします。ごく具体的な方法、手順を提示して、相手を惹きつけます。しかし、精神分析は、どこか別のところに行くことを提案するわけではありません。いま、自分がいる現実の場にいながら、自分自身の心の内部を見つめていくのです。このことの意義を、物質主義と結果主義の横行する時代にどう説得力をもって提示するかは、本当に難しい課題だと思います。それでも精神分析、精神医学を知ってもらって受容してもらうための、知恵と運動が絶えず必要なのではないでしょうか。

単に科学的な手法や研究による数字と証拠で有効性を主張するのではなく、説得力のある言葉とプレゼンテーションによって、自分の生き方とともに説明し理解をしてもらい、市民権を得ていく。実は、フロイトが行った手法もこれに重なります。彼は、精神分析についてだけでなく、文化論について一般の人も読みやすい本をたくさん執筆しています。フロイトの精神分析的文化論で最も多く読まれたものの一つで『文化への不満』というものがありますが、それも含めて彼の著作は、人生物語を言葉で紡ぎ出しながら、それを味わい生きることの面白さに溢れています。

その意味でも、現在、精神分析家を臨床で務めながら、本を書いたり、ラジオに出たり、講演を行ったりという現在の私の活動そのものが、精神分析が市民権を得るための活動であるとも考えています。そして私自身の生きることが、精神分析を生きていることになっているのでしょう。

二年間の留学生活を終えて

ケースカンファレンスの翌日か翌々日だったと思います。私はロンドンのハイドパークで小此木啓吾先生に初めてお会いしました。小此木先生は当時、慶應義塾大学の助教授であり、精神分析家です。専門書も数多くありますが、『モラトリアム人間の時代』(中央公論社、一九七八年)、『対象喪失』(中公新書、一九七九年)など、精神分析の知見を活かした現代社会論の著書を多数発表しています。小此木先生からは、それ以前に手紙で連絡をいただいていました。

私の精神分析を行ってくれたヘイリー先生がイスラエルで開催された国際精神分析学会に出席した際、たまたまそこに小此木先生も出席していました。ヘイリー先生は小此木先生に「僕はいま日本のスーパースターを分析しているんだよ」などと話したそうです。そんなこともきっかけで、小此木先生は私にアプローチをしてくれたのでしょう。

小此木先生は、私が精神分析を受けて、そのうえで精神分析的治療のトレーニングを受けていることを高く評価してくれました。とても得難い経験なので、精神分析の訓練を日本に帰ってからも継続したほうがよい、と勧めてくれました。そして、日本に帰国したら、ぜひ自分に連絡をしてくれ、というのです。

一九七四年からのロンドン生活も二年近くが経過していました。そろそろ、日本に帰国するころかなと感じていました。一つには、印税を元手にした自費留学だったので、そろそろお金も尽きてきていたのです。当時は一ポンドが五〇〇円を超えていた時代で、物価もけっして安くありませんでした。

また、私は日本に帰って、日本の神話である『古事記』を読みたいとも考えていました。これは、すでにへイリー先生による精神分析を受けている中でも語っていたことです。日本で精神分析を続けるためには、私たちの深層心理を知らなければならない。『古事記』を読みその分析をすることで、私たちの深層心理とは何か、そしてこの私とは何かを考え続けてみたいと漠然と思っていたのです。

さらに、眼の問題もありました。京都時代に手術してもらった眼の調子が一度は良くなりながらも、再び悪くなりはじめていました。読むことを楽にするためにも、日本に戻ってまた手術することを考えました。

こうして、一九七六年八月、私はロンドンでの留学生活を終え、日本に帰国することにしたのです。

小此木先生は、日本に来たら連絡をくれ、と言ってくれていましたが、実は、小此木先生よりも前に、日本からモーズレイ病院を視察に来た偉い先生や学者はたくさんいました。臨床を行っている日本人の私にも声をかけてくれ、私も「日本に帰ったらお世話になります」などと返事をしていたのですが、帰国してみると、精神医学の世界でその多くの人たちが私を本気で相手にしてくれませんでした。精神分析的な治療を本格的にやりたいという態度が抵抗を生んだのだと思います。唯一、小此木先生だけが約束を守ってくれたのです。こうして、私は慶應義塾大学の小此木先生が主宰されていた心理学研究室にお世話になることになりました。

不完全であることの自覚

ここまで述べてきたように、私にとってロンドンでの二年間におよぶ留学生活は、とても貴重な経験でした。精神分析学と出会い、精神分析家となるうえでの最初の大きな土台をつくってくれました。しかし、私がここで強調しておきたいのは、私がロンドンで受けた訓練は総じて不完全なものだったということです。私が受けた精神分析にしろ、臨床訓練にしろ。そして、私自身が不完全な精神分析的治療者として、留学生活を終えて、日本に帰ってきた。

でも、この不完全であることの自覚が大切だとも思うのです。自分には限界があり、けっして万能でないことを認める。自分にできることが限られていることを認める。

私たちはついつい、何かをやり遂げた、一〇〇パーセントやり尽くした、などと言いたがります。あるいは、そういう状態になることに憧れます。しかし、そんなことはありえないと思うのです。

人間は生物としても不完全です。哺乳類の動物は、生まれてすぐに立って歩くことができるのが普通ですが、人間にはできません。ほとんどの動物は本能のまま生きている。エスに従って生きていればよい。私たちのように、人間性と動物性の間で、心が引き裂かれたり、葛藤したりすることもないでしょう。

ところが、私たち人間は未熟な状態で生まれるために、エスの部分である本能を、親に読み取ってもらい理解してもらわない限り、食べ物を口に入れることもできない。動物としてはとても未熟で不完全な存在であり、けっして本能のまま生きられないのです。その不完全さを自覚していないと、「何で食べ物がないんだ」「何で自分の思いを理解してくれないんだ」といった被害妄想に陥ることにもなってしまいます。

不完全さについての自己分析が必要です。私自身のことを振り返っても、いろいろなことが不完全なままだったように思われます。大学では学園紛争のために授業もきちんと行われず、教育としては不完全だった。ミュージシャンの活動をしながらも行き詰まり、これもメジャーデビューしてわずか一年、不本意な形で撤退せざるをえなかった。作詞家としても同様です。

しかし、そうした不完全さの自覚が、私自身を律してきたようにも思えるのです。どれも、これも一〇〇点ではない。でも、手を付けたものがみんな不完全で、それぞれが二〇点であっても、三科目合計して六〇点にでもなればいいじゃないか。そういう考えで、私は生きています。

人間は外の世界も生きなければいけないし、自分の内面の世界も生きなければならない。理性的であることが求められるけれど、自分の本能や欲望も満足させなければならない。両方をやってのける。それは、けっして完全にはできないでしょう。外で五〇点、内で五〇点、合わせて一〇〇点とするしかないのです。「あれか、これか」だけではなく、「あれと、これと」をどう生きるか。それが特に多くの現代人が生きていくうえでの大きな課題なのだろうと思います。

だから、私としては、もう自分を守るための厚化粧は必要ない。ピエロである必要もない。相手を喜ばせるために自分を殺してしまうことのないようにしないと、とんでもないことになる。不完全に生きるようにしましょう。

第6章 「心」をみつめて——精神科医、研究者、そして時々音楽家

浮世絵に描かれた母子像についてベルリンで講演する著者(2014年5月).

二年間の留学生活を終え、一九七六年にイギリスから帰国した私は、イギリスでお目にかかり、私のイギリスでの臨床経験を高く評価してくれた小此木啓吾先生のもとを訪ねました。小此木先生は、慶應義塾大学で心理学研究室を主宰されていて、私もそこで精神分析学の研究者・訓練生としての道を歩み始めます。

医者としては故郷の京都に戻り京都駅前で父の医院を手伝いながら、東京で勉強するために上京し神奈川県川崎市の登戸にある武田病院に週に数日、週末は京都第二赤十字病院に週一日、と勤務していました。

そして、一九八〇年、父親が亡くなり、私がその医院を引き継いで、精神科の医院を開業しようと考えました。ところが、京都駅前で精神科の医院を開業することが、地域の事情などでうまくいかず、私は東京に移住し開業することになりました。

再度の眼の手術がもたらした気づき

小此木啓吾先生のことを述べる前に、まず、イギリスから戻ってすぐに受けた眼の再手術のことからお話ししましょう。

私の眼の再手術の執刀をしてくれたのは、かつての同級生の眼科医・久山元先生でした。「今度はきつめに」というのが私の希望で、人工的に眼が前方にきつく寄せられました。これが大成功で、その後数十年は書物を両眼で読むことが非常に楽になったのです。

眼の手術によって、意外な気づきが生まれました。昔からあった傾向でしょうが、私は開眼と閉眼で自分の精神状態が微妙に変わることがわかりました。しっかり覚醒し獲物を狙うように凝視することと眼を閉じて空想しあれこれ思うこと、つまり精神の集中と遊び、思考と空想、覚醒と睡眠、緊張状態と緩んだ状態、強迫的に考えることと音楽的・詩的になることを、ある程度区別でき、望むと望まざるとにかかわらず、その間を往復するようになっていたのです。私は勝手にそれを「言語脳」と「音楽脳」と呼びました。

私は眼の手術を通して、眼の状態による物の見え方が、実は、精神状態にも作用しているのではないか、と考えるようになりました。それは、イギリスでの留学時代から精神分析学を研究実践する中で気づかされたことと、重なるように思えました。

二つの眼で見て、一つに統合しようとするが

人間には眼が二つあります。手や足もそれぞれ二つ。そのことによって、左右という感覚も生まれます。脳についても右脳と左脳に分類して考えます。それは、このように

二分法で考えることが、人間にとっては自らの体験を整理しやすいからなのでしょう。

実際の世界は混沌として二つにきっぱりと分けられない。にもかかわらず、人間は二つに分けて、整理して考えたがる。まず生と死、そして男と女、裏と表、左と右、内と外、心と身体……。フロイト学派の精神分析学でも、良いと悪い、在と不在、心の内と外などを強調しますし、基本的に二分法の考え方をとります。二分法は、世界を把握するうえで有用ですし、物の考え方として重要でもあります。

世界をそのようにとらえるのは、おそらく、私たちが眼を二つもっていることと大きく関係しているように思うのです。二つの眼で見ることで、世界を二分法で把握するのではないか。

ところが、ここはなかなか説明が難しいところですが、私たちは二つの眼で世界を把握している一方で、その二つの世界をそのまま別々に生きているわけではありません。二つのものを統合することを覚えるのです。普通は、二つの眼で見た体験を、瞬間的に一つに統合する。左と右、上と下、心と身体など、二分法で把握しながらも、一つの世界として統合して見ています。結果的に世界は一つだと把握して生きているのです。

この二つが一つになるという展開は弁証法的な思考ともいえます。AとAでないもの(非A)を統合して、さらなる上位の次元のものが現れるというメカニズムです。神経生物学者のスーザン・バリーが書いた『視覚はよみがえる　三次元のクオリア』(宇丹貴代実訳、筑摩選書、二〇一〇年）という本があります。私がこの本に出会うのは、後のことなのですが、この本を読んだとき、私は大いに感動しました。私が考えてきたことと、重なる部分が非常に多かったからです。

バリー自身、幼時に斜視だったために二次元視力しかありませんでした。ところが、四八歳になって奇跡的に立体視力を得ることになったのです。しかも、それは視覚の変化だけにとどまりませんでした。立体視力を得たことで、世界が３Ｄで見えるというだけではなく、音楽も思考も三次元で立体的に現れるようになったというのです。

視覚の場合、二つの眼で見たものを統合することで、立体視することができます。また、聴覚の場合も、たとえば、音楽を一つのスピーカーで聴くよりも、二つ以上のスピーカーを使ってステレオで聴くほうが、奥行きが感じられます。しかも、そうした聴力や思考なども、視覚によって大きく影響を受けているということを、バリーの経験は物語っているようです。

眼科の世界では、いまや常識となっていますが、斜視の人は、片方の眼で世界を見ています。ところが、斜視の人たちに訊いてみると、片方の眼だけでも立体視ができているように答えます。これは脳の力によるものなのでしょう。左右、奥行きといった感覚を、脳が補てんし統合することで、立体視を可能にしているのだと思います。

秩序に収まらないものは嫌われる

いずれにしても、ふつう人間は二分法で考えながら、それを統合して一つの世界を見ているわけです。複雑に分かれた世界はそれでも一つであるという確信を踏まえて、「分かる」ための分類学を生み出します。子どもにも、植物の仲間や動物の仲間を別々につくることができ、どんなものでもすべて分類されて、一つの分類体系に組み込まれてしまいやすいのです。

そこでは、分類されて二つにするか、統合されて一つにするか以外の、「割り切れない」世界があるとはなかなか考えないわけです。コウモリが不気味なのは、獣でありながら鳥のようでもあるという、分類の困難から生まれているようです。両生類の不気味さも、割り切れない、分からない、分けられないからでしょう。

また、一つであると信じているものが、二つ以上あるということを知るのも、とても不気味に感じられてしまいます。たとえば、ある人物が、実は二人存在していた、と考えたらどうでしょうか。斬新な視覚効果により「映像革命」を起こしたと評価されるアメリカ映画『マトリックス』(一九九九年)では、警察組織に属するエージェント・スミスという人物が何十人も登場しますが、とても不気味な映像として映ります。また実際に、こういうふうに同じ人物が複数いるということは、病的な体験でも起きます。人間がAばかりで、AAAAAA……になってしまうことは恐ろしいことです。だから思考に、

Aなのか Aではないのか、という分類の問いが生まれる。

しかしながら実際の自然は、けっして「Aか非Aか」の二分法できっちりと分けられるわけではありません。AとBに分類された場合にも、AとBの間には、隙間や重なりもあるわけです。人間は強いか、弱いか、と厳然と分けられるわけではない。確かに性別は、男性と女性に分けられるかもしれない。でも、男性性や女性性などは厳然と分けられるわけではない。一人の人間の中に、男性性も女性性も同居しているし、重なっていたりもする。

あるいは、世界を一つに統合して把握しようとしても、実際には、世界は多面的で一つの見方で見ることはできない。ある人が見ている世界と、別の人が見ている世界が、一つか二つかの点で微妙に違うように見えていることもありえるのです。

人間はいくつかに分類しようとするし、また同時に一つに統合して把握しようとします。ところが目の前の世界は、「一か二か」ではなく、一・五なのかもしれないし、一・三なのかもしれない。なのに、そのような曖昧で不分明な状態で置いておくことが不安で仕方がない。そのままの状態を扱うのが、とても苦手なのです。

分けることができず、分類することができないもの。秩序の中に収めることができないもの。こうしたものを人間は毛嫌いします。そして、極端な場合はそれらをタブー視します。

そのことは、イギリスで原書で読んだ文化人類学者のメアリ・ダグラスの著書『汚穢と禁忌』(塚本利明訳、ちくま学芸文庫、二〇〇九年。原書は一九六六年刊)などから学びました。私の精神分析を行ってくれたヘイリー先生から、私は「あれと、これとの二つを得ようとする欲張りだ」と言われたこともあり、なぜ私が二つの引き裂かれる中間世界に関心をもってきたのか、そして二つの世界を同時に生きようとしてきたのか、答えがなくて悩んでいた。そのころ、友人の笠井雅洋(中央公論社で私の書物を担当してくれた編集者で、矢代梓というペンネームでものを書いていた友人でもある)を通し、ロンドン時代にダグラスの本に出会ったのです。これは、本当に勉強になりました。人間は秩序に収まらないものを忌み嫌って、タブー視するというのは、私にとっては新たな生き方を発見させた理論でした。

私の視覚と私の心

では、私自身はどうだったのか。私自身は自分をどのようなものとして把握してきたのか。私にとっては、これまで自分は二でもなく、一でもない状態、つまり一・五であるような状態が普通だったのです。なぜなら、すでに述べたように、私は潜在性の斜視だったこともあり、AかBかの二分法ではなく、そこに間(魔)があって、その混乱や重複が起きやすいことを、眼で経験してきたように思うのです。第2章でも述べましたが、野球をやっていて一つのボールが二つに見えてしまう。ところが、二つに見えるボールが実は一つであり、どちらが正しいのか、私にはわからなかったのです。そんなことについても、眼の手術を受け、眼がより普通の状態へと加工され矯正されたことによって気づかされたのです。

もちろん、もともと私自身のパーソナリティが優柔不断で、性向が両性具有的であり、一・五を好んできたから、世界を曖昧なままに把握してきたのかもしれません。私が精神分析学の道に進むうえで、大きな影響を受けたウィニコットの考え方に従えば、そのようにも理解できます。つまり、ウィニコットの深層心理学的な説明では、私自身が分裂的なパーソナリティをもっているから、二つの眼で見たものが一つに統合されにくいのだ、となります。

しかし、私が発見したように、眼の状態が影響して、そのような把握の仕方をしてきたのかもしれない。実際、眼の手術を受けたことによってもたらされた変化で、私にはそのように感じられたわけです。卵が先か、鶏が先か、という私らしい議論になりますが、おそらく、そのどちらでもあったと考えます。

こうして私は、事態を分裂させて二つに分類して把握するか、二つを統合して一つの世界として把握するか、という考え方も、眼のあり方に影響されていると考えます。分裂か統合かの、常識的な二つの見方も、二つの眼で別々に世界を把握する見方か、それともこれらを両眼で統合的に把握する見方か、という眼の二様のあり方に影響されているのではないか。

ボールが飛んでくると二つに見えただけではありません。学校の理科の授業や医学部の実習などでも、顕微鏡をのぞくと対象物が二つに見えてしまうこともありました。そんなことをずっと経験してきました。普通の人は、両眼で見たものを一つに統合して把握するわけですが、私の場合、意識して無理をしないと、そうできないのです。一つに統合しようとすると、ものすごく疲れてしまう。だから、本を読むのも苦手だったわけです。

京都府立医科大学時代に一度、眼の手術を行い、しかし、イギリス留学時代の終わりごろには、また眼が元の外斜位の状態に戻りつつあった。そして、帰国後に再度手術を受けることで、眼と自分の心のあり方の関係性に自覚がもてるようになったのです。

葛藤を生きるのが人間

しかも、こうした思考と眼に関する自覚が、私の精神分析学的探究にも大きな影響を与えることになります。ヘイリー先生に語ったように、日本の神話である『古事記』や古い民話などに関心をもち、帰国後、それらについても原典や評論を読み漁るようになっていきました。後に、一九九一年から九州大学教育学部の助教授、そして教授を務めることになるのですが、このとき、その研究をさらに本格的に行っています。日本の神話や古典を素材にして、日本人の深層心理を読み解くことができるのではないか、と考えたからです。

私は「夕鶴」の話にとても興味をもっています。そのことも、眼の手術を通して得た自覚と関係しています。「夕鶴」では、与ひょうが傷ついた鶴を助けます。そして、与ひょうのもとに、ある日、つうがやって来ます。つうは、与ひょうのために機を織り、できた反物を与ひょうは売りに行く。つうは与ひょうに、機を織っているところを見てはいけないと言う。しかし、ある日、与ひょうは、それを覗いてしまう。すると、機を織っていたのは、かつて助けたことのある鶴だった。鶴が自分の身体を傷つけながら、与ひょうのために機を織っていた。鶴としての正体がばれて、醜い姿をさらけ出してしまったつうは、もはや与ひょうのもとにはいられず、去っていきます。人間でありながら、鶴でもあるつう。豊かに反物を生産しているのに、自身は傷ついているつう。こうした二面性、あるいは、どっちつかずの状態に関心をもったのです。

当然のごとく、『古事記』の「伊邪那岐・伊邪那美神話」にも惹かれます。父神である伊邪那岐と母神である伊邪那美が結婚し、次々と神々が生まれてくる。しかし、最後に火の神を生んだ際に、伊邪那美は陰、すなわち生殖器に火傷を負ってしまい、黄泉の国に葬られてしまう。ところが、伊邪那岐は「この国をつくりおえず」として、伊邪那美を黄泉の国から呼び戻しに行く。そのとき、伊邪那美は奥に隠れ、黄泉の大王に相談してくるので、それまで「見てくれるな」と禁止を課す。にもかかわらず、伊邪那岐が火を灯して見てしまう。すると、そこには腐乱した伊邪那美の死体があった。このように腐って醜いと言われ、生きているのか、死んでいるのかわからない伊邪那美のどっちつかずの状態は何を物語るのか。

鶴であったことを見られてしまったつうが逃げていくように、また、腐乱して、生きているのか死んでいるのかわからない伊邪那美から、伊邪那岐が逃げていくように、人は、どっちつかずの状態を毛嫌いする生理的な傾向があるように思うのです。前述のメアリ・ダグラスは、人間は何でも二つに分けて把握しようとするから、重複する領域を嫌うのだ、と言っているようです。

また、精神分析の考えでは、幼い者の濃厚な関係の中核には、一つの対象に対して矛盾する感情を抱くアンビバレンスの領域があります。この対象が、フロイトの場合は父親でしたが、メラニー・クラインらのイギリスの対象関係理論では母親なのです。どちらにしても、人はそれを統合しようとするわけですが、そうすると「あれか、これか」というアンビバレンス・コンフリクト(愛と憎しみなど、相反するものの間で生じる葛藤)を経験し、やがては「あれと、これと」という落ち着いた状態に達することになるといいます。

そして、クラインの、母親由来の部分対象が統合されて全体対象となれば(抑うつポジション と呼ばれる)、良い対象として愛しながら悪い対象として害していたということになる。このとき、罪悪感という痛みが生まれるという洞察こそ、彼女の理論について私が感服するところなのです。

しかし、そこで納得しにくい醜悪やケガレの感覚が生まれるというのが、日本神話などを踏まえた私の理解であり、罪が水に流されるという、心理的な痛みに対する抵抗が生まれるところなのです。

クラインに従うなら、また物語を見ても、与ひょうや伊邪那岐たちが母親的女性を愛しながら傷つけたというところに罪悪感が生まれているはずです。かつての私の場合も、音楽家でもあり、医者を目指す科学者でもある、という状態にあったとき、周囲から「いったい、おまえはどっちを選ぶんだ？」と言われやすい。父親を喜ばせたいのか、母親を喜ばせたいのか、と。そうすると、もともと二つの眼で別々に二つの世界を見ていた私も、「はたして私はどっちにつくのか？」と引き裂かれ、悩むことになり、言動に落ち着きもなくなる。

一つを選ぶなら、他方を捨てねばならない。つまり父親のいうことを聞くなら、母親を裏切り悲しませてしまい、そこで切り捨てる対象への深い罪意識に目覚めることになる。したがって、やり直すためには、「去って行かないつう」が必要になる。彼女が、あっという間に去っていくなら、この罪悪感の痛みは深く味わえないでしょう。

こういうイギリスの精神分析学、そして対象と自己の関係に焦点を当てる対象関係理論に出会い、私の苦しみにも照明が当たりました。そして帰国後も引き続き、精神分析学や文化人類学の研究、さらに日本の古典の研究を進めていく中で、私には、自分のこれまでの生き方や、それを裏づける考え方について、家族が父親と母親から成るように、そのどちらがあってもいいという分かれ目の移行期だととらえることができるようになっていきました。

つまり、この葛藤的などっちつかずの状態は、重要な分かれ目であり、けっして美しい解決はない。その見にくい葛藤を生き、時間をかけて選択するのが人間にとっての課題なんだ、と。安易に潔く、二つあるもののどっちかを選ぶのではない。「あれか、これか」を「あれと、これと」と体験し、それらの間を生きる。もし、一つに統合するなら、またもう一つの問題が発生する。そして、それを統合したら、また別の問題が……。

このように延々と繰り返していくのが、生きるということそのものなんだ、と私は考えるようになりました。私たちは、問題が発生したとき、どこかに答えがあるはずと考えます。しかし、本当は満足すべき答えはなかなかないと思うのです。答えを探し続ける時間を得て、常に問題にぶつかり続けるのが、人間にとっての生きることなのではないでしょうか。そして、問題や葛藤がなくなるということは、すなわち死ぬということです。死ぬことによって、葛藤する主体が消え、葛藤それ自体もなくなるのだと思います。

私は、考えをすぐに止揚し上昇させる弁証法的な考え方が好きではありません。弁証法のようには一つに統合できないのが現実や自然の世界なのだと思います。人間は多面的であり、一つの見方に統合することはできない。一つに統合したつもりでも、また別の一つが現れる。上昇ではなく、柳に跳びつく蛙のように、統合は永遠に達成できなくて、なかなか一つにまとまらない。それが、人間であるがゆえの人間臭い問題を生きることなんだと知ったのです。

真面目だからこそ不真面目

実は、こうした理解に私を導いてくれたのは、対象関係理論だけではなく、ほかならぬ小此木啓吾先生もそのお一人でした。この章の冒頭で述べたように、東京に出てきた私は小此木先生が主宰する慶應義塾大学の心理学研究室に所属することになりました。

私は大のヤクルトファンなのですが、小此木先生は大の巨人ファンでした。精神分析学会などの学会が開催されている時期は、野球の日本シリーズの時期と重なることが多いのです。すると、小此木先生は、学会のシンポジウムの最中に平気で日本シリーズの試合中継をラジオで聴いていたりしました。学会などという真面目なところで、しかも、

小此木啓吾先生(右)，土居健郎先生(中央)と(国際精神分析学会，1989年ローマ大会にて).

日本の精神分析学の第一人者である小此木先生が、です。私も最初は驚きましたが、こんなことがあっていいんだと感心しました。

小此木先生は、学会というものを、あまり信用していなかったのでしょう。学会など〝お祭り〟みたいなもので、そこに本質的な議論などない、と心の中で思っていたのでしょう。むしろ、日本シリーズを聴いているくらいが丁度いい、と。

精神分析の理論からいっても、心は「ここ」にないのです。学問について議論する場で、心はスポーツのことに耳を傾けている。いわば、学問か、スポーツか、ではなく、心の全体は両方が共存しているような状態です。学問という真面目な場で、スポーツ中継を聴いているなど不真面目だと思われてしまう。でも、学問の本質を真面目に考えているからこそ、一見、不真面目な態度もとる、ということなのでしょう。学問の本質は学会の場にあるわけではない、と学問についてとことん考えているなら、そうなるという結論なのです。こうした小此木先生の姿勢から、私はたくさんのことを学びました。

〝不真面目〟な態度というのが、どの分野でも嫌われ、忌避されます。真面目に一筋に打ち込むことが尊いとされる。曖昧な領域は、割り切られてどんどん許されなくなっていく。でも、人間にとって、こうした「遊び」の部分が許されなくなると、とても危険だと思うのです。

小此木先生は、「遊び」の部分を大切にしていました。だからこそ、私にも似たような部分を感じて、私のことを買ってくれたのだと思います。もっとも、当然のことながら、私は小此木先生の学友などではなく、医学者として研究室に所属していたわけです。だから、そうした「遊び」の部分ばかりを、表向き肯定するわけにはいかず、小此木先生もいろいろと苦しい立場に置かれることもあったと思います。それでも、いろいろな面で、私を守ってくれました。おかげで、私は、二分法ではない、どっちつかずの状態について考えて、それを語りながら生きていく場を得ることができました。また、それをもとに「遊び」の重要性などを発表する場を精神分析学の中に獲得することができたのです。

自切俳人と遊び

小此木先生のもとで研究すると同時に、先生の薦めで川崎市の登戸にある武田病院で精神科医としても勤めることになりました。

同じころ、ニッポン放送のディレクターであり、「オールナイトニッポン」のパーソナリティも務めていた亀渕昭信さんからラジオ出演の依頼を受けました。「オールナイトニッポン」のパーソナリティを務めてほしいというのです。私が「パック・イン・ミュージック」のパーソナリティを降りて、芸能活動から撤退してからおよそ五年が経っていました。イギリス留学で精神分析学に出会い、「あれと、これと」という自分の生き方について、ある程度、自覚がもてるようになっていた私は、再び「やってみようか」という気持ちになりました。ただし、私は亀渕さんに一つの条件を出しました。「北山修」という名前を使わないでよいか、という条件です。

かつてフォーク・クルセダーズのころ、マスコミなどによって「北山修はこういう人間だ」と決めつけられることに、私はとても反発を覚えました。私は「あれ」でもあるし、「これ」でもあるのに、「北山修」という名前で、私の人格を決めつけて、固定化させられることが、本当に嫌でしかたありませんでした。一九七一年に出したソロアルバム『ピエロのサム』の名義を「キタヤマ・オ・サム」としたのも、名前の文字や読み方をずらしたり、揺らしたりすることで、「北山修」という名前で固定化されたイメージを取り払いたいという気持ちがありました。

現在、私が「きたやまおさむ」と平仮名の名前を使用しているのも、そうした動機によるものです。平仮名にすることで、音が強調され、文字のもつ有意味性が薄れていくように思います。そして「きたやまおさむ」になることで、私はずいぶんと気分が楽になれたような気がします（改めて振り返ってみると、フォーク・クルセダーズ時代にも「ズートルビー」という別名義で「水虫の唄」などを発表していたりします）。

亀渕さんは、私の条件を受け入れてくれました。一九七七年一月から七八年三月までの約一年間、「自切俳人（じきるはいど）」と名乗る謎の人物が毎週木曜日・深夜の「オールナイトニッポン」のパーソナリティを務めることとなりました。ジキルとハイド。まさに、自らの二面性、多面性を自覚し、むしろ、それを利用して一年ほど徹底的に遊んだわけです。

小此木先生も、このことを知っていましたし、ラジオも聴いたことがあったはずです。しかし、よくこんなことを許してくれたものだと感心します。

小此木先生のもとで研究し、武田病院で精神科医として働いたのち、私は一九八〇年に東京の南青山に北山医院を開業し独立しました。精神分析にとっては臨床が研究であり、研究が臨床となります。実践を積み重ねること、すなわち様々な症例に出会うことこそが研究なのです。患者さんと出会い、面接を繰り返すことが、治療であり研究でもあるわけです。

やがて再びの芸能活動からも離れ、精神科医として患者さんに向き合いつつ、どっぷりつかって、面白くなってきた精神分析学の研究をさらに深める日々を送ることになります。

あっ、一つ忘れてはならないことがあります。それは、ねばり強いプロデューサー中井高之さんの協力を得て、大阪のサンケイホールなどで誕生日コンサートを数年に一回くらいのペースで、三〇代から五〇代の、まさに忘れたころにやっていた時期があります。一九七一年に大阪毎日ホールで二五歳の誕生日コンサート(これも中井さんがプロデュース)を行ったのが発端ですが、ああいう「盆踊り」や「お祭り」のおかげで、私の心のバランスは何とか保たれていました。

ロッカーの中は空だった

このように精神分析学と出会い、精神分析学や文化人類学について学び続ける中で、私という人間について、それまでの私の生き方について、あるいは、私が悩んできたことについて、いろいろな気づきを得て、その意味を味わい、深い自覚をもてるようになっていきました。

それでも、まだ私の心の中に突然、空しさが訪れることがありました。フォーク・クルセダーズ時代、大観衆の熱狂に包まれつつも、舞台から降りたときに突然襲ってきた空しさ。作詞活動を続け、歌がヒットしながらも、心の中にぽっかりとできた空しさ。自分としては、何かを成し遂げたつもりでいても、「あとの祭り」の空しさがうっすらと訪れることが、ずっと続いていました。

この空しさについて、私自身が心底かみしめる出来事が起こります。それは、一九八六年八月三一日のことでした。まさに四〇歳のときですね。日付をはっきりと覚えているほど、この日の出来事は、私には忘れることができない体験でした。

その日は、大阪市立大学のお世話で心理臨床学会が開催されていたと記憶しています。私もその学会に出席し、それが終わったあと、夏休みの最後に友人の平沼義男と琵琶湖でバス・フィッシングをやる予定でした。確か学会会場は、堺市にあった羽衣荘という名の旅館でした。

学会に出席する前の朝、釣り道具や本などを大阪駅のコインロッカーに預けておいたのです。ところが、学会が終わり、再び大阪駅に戻って、そのロッカーを開けてみたところ、中に何も入っていないのです。あれ、おかしい。あると信じ込んでいるものが、そこにないというのは、本当に驚かされます。私はとっさに、盗まれたのではないか、と思いました。それにしても、泥棒が何らかの方法でカギを開けて中にあった物を盗んだとして、再びご丁寧にカギをかけるものでしょうか。

途方に暮れていると、「何かお困りのことがありましたら、お電話ください」と書かれた張り紙が目に入りました。そこに電話をして事情を伝えると、担当者は冷静な口調で「お客さん、上下・左右どこかにあるかもしれませんよ」と言う。どうも、同じような電話がよくかかってくるようなのです。物を入れてロッカーのカギをかける際に、間違って、その上下・左右の別のロッカーのカギをかけてしまうということが、しょっちゅうあるらしい。そう言われてみると、この種の間違いは、私には起きやすいことでした。しょっちゅう物をなくしますし、勘違いも多い。

ところが、ロッカーの上下・左右を開けてみても、やっぱり何もない。もう一度、担当者に電話をしてみます。「すみません。やっぱりないんですよ」と伝えると、担当者は「ロッカーの番号は何番ですか?」とたずねる。私が番号を伝えると、「ああ、それなら保管してありますよ」。やっぱりそうだったのです。間違って、物を入れたロッカーの右側のロッカーのカギをかけてしまったのです。ロッカーを管理している業者は、こういう間違いをする人がよくいるので、カギのかかっていないロッカーをときどき開けてはチェックしているのです。そして、大切そうなものが置かれていたら、それを事務所に保管しておくそうです。

担当者がロッカーまでやって来て、確認のために「入れていた物はなんですか?」と訊きます。私は「釣り道具と、あと『赤ちゃんはなぜなくの』という本です」と答えました。この本のタイトルに相手は一瞬、「え!?」と驚きました。中年の男が『赤ちゃんはなぜなくの』などという本をもっているなんておかしい。この本は、ウィニコットによる一般向け著書(『赤ちゃんはなぜなくの――ウィニコット博士の育児講義』猪股丈二訳、星和書店、一九八五年)だったのですが、そう事情を伝えると、担当者も笑っていました。

とてつもない空しさ

そんな失敗を経て、釣り道具をもって、平沼と琵琶湖に行きました。夜から朝にかけて、バス・フィッシングを楽しみました。魚を釣っては、それを逃がすというキャッチ・アンド・リリースと呼ばれる方法を繰り返します。

釣りをしながら迎えた朝九時ごろのことです。太陽の光によって水面がまぶしく輝いています。その光景をながめながら、私は再びものすごい空虚を感じました。

魚を釣っては放す。結局、手もとには何も残りません。あるいは、先のロッカーの事件では、あるはずのところに物がなかった。あると思って開けてみたら、空っぽだった。キラキラ光り輝く水面をながめながら、似たような種類の数々の出来事が私の心に浮かんできました。何かを得たつもりでも、実際には何もない。目の前は、確かに空っぽであるということ。

「神経衰弱」というトランプのゲームがあります。裏返しにしたトランプaを表にして、記憶をたよりに別のトランプbを表にひっくり返し、同じ数字のペアをつくるゲームです。このカードが同じ数字のはず、と思ってひっくり返すと、違う数字だったりするので、現実のaと心の中のbとの重ね合わせを楽しむのがコツと言えるでしょう。

「神経衰弱」というのは、本当にすぐれたネーミングだと思います。神経をすり減らしながらも諦めないで、記憶を頼りにカードを探す。まさに、私の普段の経験そのもののようにさえ思えます。物忘れがひどく、常に何かを探して、神経をすり減らしてしまう私。

実は荷物を左のロッカーに入れたのに、扉を閉めたとたんに、左右のaとbを取り違えて右のロッカーにコインを入れカギをかけた。私は眼の問題で、左と右を取り違えるミスを何度も繰り返してきた。たどり着いたら「空」だった。

このときの経験は、私に「空しさ」について、改めて考えさせるきっかけとなりました。私が診療の場でお会いする患者さんにも、空しさを訴える人が少なくありません。「なんとなく空しい」「何をやっても空しさを感じる」と。いったい、この空しさとは何なのか。どこから来るのか。私は、診療や研究を続ける中で、さらにこの「空しさ」に正面から向き合うことになります。

空しさをかみしめながら

そこに何かがあるはず。一つの答えがきっと見つかるはず。こうした思い込みが、実は、空しさを感じる背景にあるのかもしれない。

フロイトは、自らの孫がおもちゃを投げて隠してしまうのを見て、「いないいないばあ(フォルト・ダ Fort-da)遊び」だと発見しました。すなわち、おもちゃを隠してしまうことと同時に、それが見つかって現れることにも喜びを覚え、そこに遊びが成立していると見出したのです。物がなくなって、現れて、またなくなってゆく。フロイトの分析では、失うことにも喜びがあるという。だから繰り返す。私は失いたがっているのだから。

この経験は、遊びではありますが、人生そのものでもあると私は考えます。あるものは失われる。現れては、また失われていく。どれだけ求めようが、一つの確実な答えは見つからない。

私がかつて作詞した「風」(一九六八年)という歌があります。旅に出た人間が、ふと振り返ってみても、ただ風が吹いているだけだった――。この歌に限らず、旅をモチーフにした日本の歌が昔からたくさんあります。そして、一九七〇年前後に集中して、目的地や探し物が見つからない歌が増えます。藤田敏雄さんが作詞した「若者たち」(作曲：佐藤勝、歌：ブロードサイド・フォー、一九六六年)や「希望」(作曲：いずみたく、歌：岸洋子、一九七〇年)、あるいは吉田拓郎さんがつくった「たどりついたらいつも雨ふり」(歌：ザ・モップス、一九七二年)などです。ここで歌われているのは、いずれも「旅に出たけれど何も見つからなかった」という経験であり、それでも「また旅に出ていく」という経験です。

井上陽水さんの「夢の中へ」(一九七三年)などは、旅をテーマにしたものではありませんが、まさに、探しても、探しても、探し物が見つからない、ということを歌っています。

私には、こうした感覚が、生きることそのものなのではないか、と感じられるのです。きっと生きることにおいて、一つの確実な答えは見つからないのだと思います。でも、一つの答えを、人は求めがちです。にもかかわらず、見つからない。見つかったと思っても、すぐに別の問題が現れ、答えは消えてしまう。そして、空しさが訪れる。

私は、あのとき、電蓄が欲しいわけではなかった。あんなもの捨ててしまいたかった。両親こそ不在だったのだ。

別の見方をすれば、「ない」という気づきがなければ、空しさも生じないものなのでしょう。私は、人にとって空しさを感じることは、とても大切な経験だと考えます。ただし、空しさに圧倒されるのではなく、空しさをかみしめながら、それを埋める意味を言葉で探して歩み続けるのが、人間が生きることなのではないかと。

人も世界も多面的であり、一つではない

こうした私の精神分析学の研究や私自身の自己分析を、私は学会で発表したり、書籍にまとめたりしていきました。日本神話と昔話を素材として、それらを精神科の日常臨

床へ導入することを試みた『悲劇の発生論』(金剛出版、一九八二年)、見ることをタブーとして、禁を課す物語から人間の深層心理を研究した「見るなの禁止」(『北山修著作集』第1巻、岩崎学術出版社、一九九三年に収録)などです。

こうした研究では、人間と動物が結婚するような異類婚姻説話などを取り上げていますが、底流にあるテーマは、対象は一つではない、ということなのだと思います。鶴でもあり、人間でもあるつうは、人間か鶴かという一つの秩序、あるいは分類に収まらないために排除されます。また、腐って死の世界にありながら、生きてもいた伊邪那美も、伊邪那岐から受け入れられなかった。

フロイトが提示した有名な精神分析の概念「エディプス・コンプレックス」は、ギリシャ神話「エディプス王」の悲劇をもとに、息子(エディプス)が母親を愛してそのライバルの父親に対して憎しみを抱くという心的コンプレックスに名を付けたものです。考えてみると、この物語でも、対象が一つではないということを見抜けなかったところに悲劇が発生しています。

エディプスは旅の途中でスフィンクスに出会います。スフィンクスは、ライオンの身体、美しい人間の女性の顔と乳房のある胸、鷲(わし)の翼をもつ怪物です。スフィンクスは、エディプスに謎をかけます。「朝には四本足、昼には二本足、夜には三本足で歩くものは何か」。エディプスは、この問いかけに「人間」と答え、スフィンクスを退治することに成功します。

彼は、人間でもあり、獣でもある多面的な生物がかける謎を解けたことで驕り高ぶったのかもしれません。その後、結婚した妻にもう一つの顔があることを見抜けなかったのです。すなわち、エディプスの妻は彼の母親でもあったのです。それを見出したとき、エディプスは自らの眼をついてしまう。妻でもあり、母親でもある、というように人間自身が多面的であること、表も裏もあるということに、エディプスは思いいたることができなかった。ここに人間の悲劇が発生するわけです。答えはけっして一つではないのです。

こんなことに関心をもちながら、私は研究を続けていきました。最近では海外向けに「精神分析は芸術と科学という二つの顔をもつ」といった内容の英語の論文なども執筆しています。フロイトですら、この二面性が耐えられなかった。

第3章でも述べましたが、フォーク・クルセダーズも、そして日本のフォークソング自体が、日本と西洋の間に生まれたという「あいの子」の精神を核にもっていました。また、日本という国は「あいの子」をつくり出す能力にたけていると私は考えています。

そう考えるのは、何よりも、私が「あいの子」の立場を愛しているからなのです。幼稚園のころ、学芸会で「浦島太郎」をやったとき、なぜか亀の役がしっくりきたということも述べました(第2章)。竜宮城という天国と現実の世界を行ったり来たりするのが、亀です。亀は天国と現実の間を揺れ動く、どっちつかずの立場です。人間でもあり鶴でもあるつうも「あいの子」にほかなりません。私は「あいの子」を愛し、「あいの子」の悲劇にとても関心があるのです。

未熟な日本だからこそ

世界もまた、けっして一つではない。それを統合してしまうと、また新たなはみ出しが生まれてしまう。そしてまた、このはみ出しを徹底的に排除、あるいは分類しようとする力が働くかもしれない。だから、曖昧な状態、雑多な状態、どっちつかずの状態を受け入れる感覚がとても大事なのだと思います。

そんなことを、臨床の中で感じることは、様々な場面であります。たとえば、心理療法の一種に、箱庭療法というものがあります。患者さんが部屋にあるおもちゃを箱の中に自由に置いていくという形で心を表現する治療法です。実際のおもちゃを使うので、箱の中に置かれるおもちゃの縮尺はそれぞれバラバラです。ゴジラよりもキューピー人形がとても大きかったり、家は小さいのに、中に住んでいる人間は大きいなど。実は、この縮尺や抽象度のバラバラなところが、治療に役立ったりもするのです。これを、仮に三〇分の一の縮尺というように決めてしまうと、ものすごく不自由な世界をつくり出さなければならなくなってしまい、箱庭療法が成立しなくなってしまうと考えます。

真実は見る場所によって違うのです。太陽が沈むことが真実であっても、これを見るところによって時間も色も違うのです。山陰地方が山陰なのは、山のこっちにいるからです。このように、真実についての名前は、見方や観点によって異なることを受け入れねばならない。人間の理解に「いい加減」な状態を受け入れることが大切なのだと思います。そして、それは、外部とそれを捉える心の間に遊びのあることを受け入れることですし、間を認めて生きることなのだと思います。どっちか一つに決めつけずに、二つであること、多面的であることを受け入れる。その状態は、頭や心が平和な状態でもあるように感じるのです。少なくとも私自身は、これまで見てきたように、そうした状態に憧れ、それを維持しようとしてきたのでしょう。一つに決められずに生きてきたんやなあ、と。

私の父親や母親のことを思い出してみると、彼らはどっちつかずの世界を生きることをよしとしませんでした。それは、父や母に限らず、私たち以前の世代に共通した感覚であり、生き方だったのだと思います。戦時中に、仲間が次々と亡くなっていったことが、父の心に大きな影を落としていました。生きるためには、「あれも、これも」ではなく、一つの世界に打ち込まざるをえなかったのでしょう。

一方、私は、潜在的な斜視であるという特徴が、心にも影響を与え、私の考え方をも形づくっていった。私の性格が分裂していたので、世界が分裂して見えるというのが真実であってもいい。生きているのか、死んでいるのかわからない伊邪那美を、伊邪那岐は恐れ、受け入れることができなかった。むしろ私は、生と死という相反するものが共存していることに惹かれ、そのことが大事であると感じてきました。

もしかしたら、私が自覚しているこうした相反するものが共存することや、二面性・多面性を受け入れる心は、日本人の中にもあったのかもしれません。でも、そのことが自覚されることはあまりなく、社会の空気としては、一途であること、潔いことが尊ばれる。しかし、その日本人の心性がもっと自覚され、そこに意義を見出すようになれば、もしかしたら、日本人の心の台本も自由に変えられる可能性があるのではないか。私は、そのように考えていくようになりました。

阿修羅像や十一面観音像のような異形の仏像が尊ばれる感覚。七夕を祝いながら、クリスマスも祝うような感覚。家に神道の神棚がありながら、仏壇もあるような状態。一つの絶対を認めるのではなく、雑多なものを、雑多なままに受け入れられる感覚は、もしかしたら、いまの世界に必要な価値観なのかもしれません。

戦後、連合国軍最高司令官として日本にやって来たダグラス・マッカーサーは、欧米諸国が四〇代の壮年だとすると、日本はまだ一〇代の少年に過ぎないと述べたといわれています。日本は未熟であり、欧米のように成熟しなければならない、という意味合いが読み取れます。でも、日本の「未熟さ」に、別の価値を見出すことができるのではないか、とも私は考えます。はっきりと結論を下さずに、どっちつかずで曖昧な状態を受け入れる。答えを一つにせず、答えは二つでもあり、いくつもあるのかもしれない。そんな日本人のメンタリティの価値をむしろ自覚的に打ち出していくことがあってもよいのではないか。

両方に二股をかけながら、でも、引き裂かれないように気をつけながら、この葛藤を生きていく。一つのあるべき答えを探すことで、人は息苦しくなります。答えが見つからないとき、あるいは、確実な答えが見つかったと思っても、それが答えでないとわかったとき、心の中に訪れる空しさに圧倒されてしまいます。だから、答えはいくつもあると気づくこと、そして、答えを求めて葛藤する過程の大切さに気づくこと、それが、人が生き続けるうえでも重要な姿勢なのだと思います。そうした考え方が、もっと世界に共有されていけば、「あれか、これか」の争いの種も減っていき、世界はもっと生きやすくなるのではないか。

グローバル化する世界は、やがて日本のようになっていく。そんなことを夢想しながら、診療や研究、学会での発表を続けていきました。

九州大学で教員に

診療や研究を続けながら得た発想や考えを、私は人に教えたいと思うようになりました。ロンドン大学の教室で、行動療法の有効性を主張する教授と、精神分析療法の有効性を主張する教授が、若い学徒の目の前で日々、論争していた光景が思い出されます。自分の考えをさらに深めていくためにも、また、自分の考えを知ってもらうためにも、学生たちの前に立つことが必要ではないか、とも考えました。

そんなとき、九州大学から教育学部の助教授職の話をいただき、一九九一年、私は九州大学に赴任することになりました。深層心理学の世界は、大きく分けるとユング派とフロイト派、そしてそのどちらでもない学派があります。実証主義が力をもつ医学の世界では、精神分析は力を失いつつありました。日本の心理学系の学部も大雑把にいって、関東が中央意識とともに実証主義が無視できない状況で、関西ではユング派が強く、九州では意外と精神分析の力が強かったのです。

また、東京は医学部が多く競争意識が高い。生き馬の目を抜くところであるという印象で、私のような存在はなかなか適応しにくい感じがしていました。また関西では、京都大学の河合隼雄（はやお）先生たちに代表されるユング派が強く、フロイト派の精神分析を研究してきた私には、ここもあまり居心地がよくない。

九州大学は、おそらく私のような少し異質な人間を呼ぼうと思ったのかもしれません。当時、私が尊敬していた精神科医の前田重治先生の任期が半年ぐらい残っていて、私が赴任したとき、まだいらっしゃいました。前田先生は精神分析家で、理論と図の両方を合わせた本、あるいは芸術論と精神分析を融合させた本を、たくさん書かれています。芸能活動と医学という両方に身を置いてきた私にとって、九州大学に前田先生というモデルのような方がいらっしゃることも、魅力的に感じられました。

　私の就職に関わる教授会審議のとき、私の特異な経歴が話題になりましたが、「高橋義孝先生の例もあるから」という意見も出たそうです。高橋先生はドイツ文学者で、フロイトの芸術論をたくさん翻訳されていて、私は特に文庫本になった翻訳は好きです。相撲好きで、横綱審議委員会の委員をも務め、大学よりも本場所に行ったほうがお会いできるといわれた人です。

　東京に対する周辺という九州の位置も、精神分析にとって、そして私にとって向いているようでした。東京では、中途半端な空き地はどんどんなくなり、経済的な有用性が求められます。一見、何の役に立っているのかわからないような場所は許されないのです。その意味では、東京は二分法の考えによって成り立っている街なのだと思います。一方、地方の都会には人が集まるが、心理的にもまだ中途半端な場所が、そのまま残されていたりするので、なんとなく落ち着けるのです。

　特に福岡は、東京や京都がもつ中央意識からは距離を置く場所にあります。そもそも地図でも、日本列島の左の下のほうにあります。中央の感覚でいえば、九州に行くというのは「下る」となるのでしょう。ところが、九州大学は九州の中では、旧帝国大学ということもあり、中央でもあるのです。そして、日本の精神分析学にとっては、一つの中心を築いてきたことも確かです。このように周辺でありながら、でも、中央でもあるという感覚が、精神分析に合うようでした。

福岡でそのことを示す象徴的な場所を二つ挙げておきましょう。私が独断でいうのですが、「海の中道海浜公園」（特に大橋の東詰にある洲と、奈多砂丘）と、シロチドリなど絶滅寸前のものたちが生きる和白干潟です。行かれるとわかると思いますが、あの無意識が海上に思わず顔を出し、忘れられたような美しい場所。

海の中道大橋のたもと．「無意識が顔を出した」ように，陸地が福岡に向かって，ひょっこり突き出ている．

九州大学で教鞭をとりつつ、東京の北山医院での患者さんの診療も続けていました。毎週、月曜日の朝に東京を発って九州大学に行き、木曜日の夜に東京に帰ってくるという往復生活を続けました。こうした中央である東京と西の九州との間を行ったり来たり往復するのも、実に私らしいな、と感じていました。

九州での最大の楽しみは前田先生と好きなものについて、ああだ、こうだと語り合うことで、それは次に語る「共視」の仲です。頻度は少なくなりましたが、いまでも続いています。

よほど気に入ったのでしょう。京都、札幌、ロンドン、東京と二、三年ぐらいで、あちこちを転々としてきた私ですが、結局、九州大学には、二〇一〇年三月まで一九年もいることになりました(退官する際、二〇一〇年一月に行った最終講義は「北山修　最後の授業」としてNHKで四回にわたって放送され(二〇一〇年七月二六日―二九日)、また『最後の授業』(みすず書房、二〇一〇年)として書籍にまとめています)。

浮世絵に描かれた母子が見つめるもの

九州大学で講義を行ってみると、学生との関係がとても新鮮なものに感じられました。患者さんの場合、私が聞き役に徹するわけですが、逆に、学生は私の話の聞き役になってもくれる。さらには、人生の一番美しい時期の人たちと、相互交流ができるのです。

また、学生たちは、私がかつて音楽家として活躍していたことなど言われてみないとわかりません。そもそもフォーク・クルセダーズなんて知らない。学生たちとは、講義だけでなく飲みに行ったり、時にはカラオケなんかにも行ったりしました。学生たちは、いまの歌を歌い、私は大好きだった尾崎豊などを歌ったりしました。こうした、かつてのマスコミから追いかけられていた「北山修」とは無関係な付き合いができることも、札幌やロンドンと同様、とても心地よいものでした。

　こうした「抱える環境」を得て、文化を活用しながら臨床を語るような研究を進めていきました。大学に所属しているので、大学の研究費とスペースが使えます。そのことは、私の研究をさらに飛躍させてくれたと思います。先にも述べましたが、私は教育学部の助教授として大学に招かれました(後に教授となり医学部も兼任)。文系学部だったので、大学の研究費を使って、浮世絵や美術書などを集めることとも馴染み、日本の母子像の研究・分類を進めることができました。建築の専門家と合流し「人間環境学研究院」という、理系と文系が統合された新たな部門がつくられたことにも落ち着きを覚えました。

第13回・日本語臨床研究会の記念イベントとして，ギターを弾く著者(左)と，フルートを吹くユング派の河合隼雄先生(右)との共演(2006年4月).

　私の大学時代の大きな研究成果の一つとして一般向けにもアピールしたのは、

浮世絵を使った日本的な母子関係の考察です。ウィニコットたちの精神分析学では、過去や育ちの中で母子関係が注目されるため、母子観察が訓練としても重要視されています。しかし、私のような男の教授が母子観察(たとえば、授乳の様子を観察するなど)を行うことは、難しいことです。そこで、私は浮世絵に注目しました。浮世絵には、子どもが描かれたものがたくさんあります。そして、子どもが描かれているところには、必ずといってよいほど母親がいるのです。

しかも、そこに描かれている母子の姿は、日本に西洋からの影響が及ぶ前のものでもあります。浮世絵に描かれている母子像を研究することで、「母性社会日本」(河合隼雄先生の理論)ならではの母子関係が抽出できるのではないか、と私は考えました。

約二万枚の浮世絵を調べたところ、約四五〇組の母子像が描かれていました。そして、私なりに分類していくうちに、その母子関係には一つの型が繰り返されていることがわかりました。すなわち、母子がお互いを見つめ合っているのではなく、お互いが何か一つのものをいっしょに眺めている絵が多いということです。同じ対象を共に眺めている。土居健郎先生のいう「甘え」の終わり方として、絵師が芸術的観点から積極的に描出したような、そうした関係性の反復を日本人は愛でてきたのです。

子どもが手を伸ばして見つめるのは子どもたちの未来です。しかも、いっしょに眺めている対象は、桜の花や夕焼け、ホタル、花火、シャボン玉など、やがて消えていく、はかないものが多い。はかなさというのは、生きているのか、死んでいるのか、あるのか、ないのか、よくわからない状態であり、その両方を切り結ぶ重要な概念でもあると思います。私は、こうした日本人の愛でる構図を「共視」と名付けました。

「あの素晴しい愛をもう一度」と「共視」

振り返ってみると、私が加藤和彦とともにつくった歌に「あの素晴しい愛をもう一度」(作詞：北山修、作曲：加藤和彦、一九七一年)があります。確か、この歌は、加藤が留守番電話に曲を「ラランララン」というふうに歌って吹き込んできたように記憶しています。そして、私はその曲に歌詞を入れて、加藤の留守電に吹き込んでおいた。すると、加藤から「いいのをありがとう」と留守電に吹き込まれていた。そんな曲づくりをしたと思います。すぐに、これはとても感動的な歌に仕上がったと、二人とも感じ入ったのです。

『あの素晴しい愛をもう一度』(1971年)のレコードジャケット.

実は、もともとあるボーカルグループに依頼されてつくった歌だったのですが、私たち自身がとても気に入ったので、それを渡すのを中止し、別の歌をつくり渡したのです。そこで二人で歌って発表するための大義名分として、加藤がミカさん(一九七二年、加藤とともにサディスティック・ミカ・バンドを結成)と結婚するので、その結婚記念にしようと理由をでっちあげました。でも、恋愛が壊れていく歌なので、結婚を祝う歌であるはずがないのですが。

かつての恋人が、同じ花を見て、あるいは同じ夕焼けを見て「美しい」と語り合った。そして、二人の間にあった愛は、もうはかなく消えていってしまった。あの素晴しい愛をもう一度、と願っていても、それが再び現れることはないと知っている。

ここで歌われている感覚と立ち位置は「共視」にほかなりません。そうした構図を、すでに私は無意識のうちに歌に込めていたのです。

はかないものを共に眺めて、安心している表情の母子。こうした浮世絵の母子像に見られるように、心の安らかな状態というのは、美しいものが消えてゆくという「はかなさ」と並存しているのではないかと思います。現れては消えるもの、生であり死でもあるもの。そうした、どっちつかずの状態の維持こそが、「甘え」や「粋」の美学をもたらすのではないでしょうか。周知のごとく「もののあはれ」とも言われて、日本人の心の中には、そうしたものを愛でる感性があるのだと思います。

絶対の一つを求め続けるのではなく、絶対がないことを知って半ばあきらめつつ、でも、希望は失わない「あきらめ半分」。この自覚は個人の生き方としても、また日本という国のあり方としても、大切ではないかと考えます。特に、終戦世代の私たちは、皇国から民主主義にコロリと価値観を変えた大人を「焼け跡派」とともに見ていました。そして絶対に、絶対を信じないぞという思いをかみしめたのです。

加藤和彦との再会

こうして九州大学で大学教員を続けていた私ですが、思いがけず、再び大舞台に上がる日が訪れます。二〇〇二年七月、フォーク・クルセダーズを「新結成」して、その年の年末まで期間限定で活動することを発表。一一月一七日には、「ザ・フォーク・クルセダーズ新結成記念　解散音楽會」として一夜限りの「新結成」ライブをNHKホール(東京・渋谷)で行うことになったのです。一九六八年にフォーク・クルセダーズが解散してから実に三四年が経っていました。

フォーク・クルセダーズ「新結成」にいたるには、いくつかの要素が重なっていました。すでに述べたように、かつて発売禁止となった「イムジン河」が関係者の努力でインディーズレーベルからCDとして発売され、封印を解かれることになりました。そんなことを一つのきっかけとして、加藤和彦が「またやってみようか」という気持ちになったのだと思います。

加藤和彦という人間は、同じことを二度とやりたがらず、常に「前へ、前へ」という発想の人でした。フォーク・クルセダーズ解散後、ソロ活動とともに他のアーティストに曲を提供したり、プロデュースをしたりしながら、一九七二年、サディスティック・ミカ・バンドを結成。イギリスなど海外でも高い評価を得ました。以降、日本のロックやポップスの先駆者として走り続けてきました。また、三代目・市川猿之助のスーパー歌舞伎の音楽を手がけるなど、ジャンルを超えて幅広く活動を展開していました。一九七七年に再婚した作詞家の安井かずみさんとのおしゃれで優雅なライフスタイルは、若者たちの憧れの対象でもありました(安井さんは一九九四年に五五歳の若さで亡くなっています)。

そんな加藤も、三〇年以上、音楽活動を続けてきて、少し気持ちに変化が訪れたのかもしれません。フォーク・クルセダーズ解散後、多岐にわたり革新的な活動をしてきた加藤からすると、それは彼らしくない後ろ向きの選択だったかもしれません。この新結成に新メンバーとして参加してくれたジ・アルフィーの坂崎幸之助は、「あれ?」と少し感じたといいます。私には、二、三十年も経てば、かつて行ったことでも、逆に新しくなるように思われました。その時代に新鮮な感覚を与えることもできるでしょう。

この年の春、私は久しぶりに加藤と会っていました。私は学会の招待講演があってフイレンツェに行っており、加藤はヴェネチアからの帰りにローマに来るという。そこで、連絡をとり合い久しぶりのローマでの再会となったのです。私は加藤といっしょにローマの美術館をまわり、芸術作品を観ながら、その作品の背後にある深層心理などを読み解き、それを加藤に説明したりしました。当時、私は浮世絵の研究をしながら、それと比較するためにルネッサンス美術についても聖母子像を数多く観ていたので、そうした美術作品の心理に深い関心があったのです。

「新結成」と一回限りのライブ

加藤は、私の解説がいたく気に入ったようで、その後しばらく、「あんな楽しい美術館めぐりはなかった」と語っていました。安井さんの死を乗り越えたかに見えた加藤は、そんな体験を通して、私と相通じるものを再び感じ取っていたのかもしれません。それから間もなく、フォーク・クルセダーズの再結成の話が加藤から出されました。

当初私は、はしだのりひこにも参加してもらうことを希望していたのですが、体調不良のためかないませんでした。代わりに坂崎幸之助に加わってもらうことになりました。坂崎は、中学生のころラジオで「帰って来たヨッパライ」を聴いて、フォーク・クルセダーズにのめり込み、ライブLPを聴いて全部覚えてコピーしたほどの人です。この「ギター小僧」は、加藤とはしだの真似も得意とし、私たち以上に、フォーク・クルセダーズの楽曲に詳しいという稀有で愛すべきミュージシャンです。

私が九州大学に来て約一〇年が経っていました。教員としても研究者としても落ち着いて過ごしていましたし、また自己分析を進める中で、かつての自分の生き方についても、ある程度、距離を置きながら見つめることができるようになっていました。医者としても、それなりの立場を築いてきたし、ここで再び舞台に上がったとして、それほど軸足がぶれたり足場が壊れることはないだろう、と感じていました。

ただ、心配なのは、ミュージシャンとしての技能です。加藤とは違い、音楽活動からはだいぶ遠ざかっていました。はたして、人前で満足に演奏し、歌えるものなのか。そのことについては、まったく自信がありませんでした。あるとき、私は加藤に電話して、「新結成」のライブを辞めたい、と言ったこともあります。ところが、加藤はまったく動じませんでした。「いまさらひっくり返すことはできない」と。その態度は立派だったと思います。私も覚悟を決めて、一生懸命、ベースと歌の練習をしました。

一一月一七日に行われたライブは、その日、一回限りのもの。だから「新結成記念」であり、「解散音楽會」でもある。それは、アマチュアとして解散したにもかかわらず、メジャーデビューしたフォーク・クルセダーズらしいネーミングでした。振り返って考えるなら、同じところに留まり続けることを嫌う加藤和彦にも、また、精神医学の世界に軸足を置き足場を築いていた私にもふさわしい「かりそめ」の遊びでした。

『新結成記念　解散音楽會』(2002 年)のCD ジャケット.

ライブは、三代目・市川猿之助さんの口上で幕を開け、それを受けて私たちも歌舞伎のスタイルで自己紹介という「実験的試み」で始まりました。

明治一〇〇年を記念して日本中が祝賀ムードにあった一九六八年当時、それにあえて水を差した「紀元貳阡年」(作詞：北山修、作曲：加藤和彦)をはじめ、フォーク・クルセダーズの曲や「戦争を知らない子供たち」「あの素晴しい愛をもう一度」などを、自分たちのやりたいように歌い、演奏しました。

フォークルとしても長らく封印されていた感のある「イムジン河」も歌いました。また、この日のために、私と加藤、松山猛で新たな歌詞をつくった「イムジン河――春」も発表しました。それは、私たちの歌った「イムジン河」が、けっしてある時期のある場所に限られるのではなく、私たちの心にある、そして周囲にある、あらゆる分断と交流をテーマにしていることを示したかったからでもあります。

舞台の最後に坂崎は私にこう語りかけました。

「きたやまさん、これだけの人に、これだけの拍手をもらったんですから、帰りたくないんじゃないですか?」。それに対して私は笑いながら「これでやめるのが、私の粋というものなのです」と答えています。

こうして一回限りのライブを終え、フォーク・クルセダーズはまた表舞台から消えていきました。そして、一二月三一日に『戦争と平和』と題するアルバムを発表し、その活動に再び幕を下ろしたのでした。

結成して解散、再び結成して解散、そして三四年たって再び結成して即解散。フォーク・クルセダーズの活動もまた、現れては消える、はかなさの象徴だったのかもしれません。しかも、この一度きりのライブは、私にとっては、もう二度と繰り返すことのできない加藤和彦とのはかなく美しい経験の象徴としても、心に残ることになったのです。

第7章　潔く去っていかない

加藤和彦の部屋に飾られていたアマチュア時代のフォーク・クルセダーズの解散記念コンサート写真.

フォーク・クルセダーズをともに結成し、音楽を通したプレイをともにしてきた加藤和彦。いろいろな点で、私と価値観を共有してきたと思っていた加藤でしたが、二〇〇九年一〇月一七日、長野県軽井沢町のホテルで遺体となって発見されました。死因は自死。六二歳でした。友人でもあり精神科医でもある私には、無念としか言いようがありません——。

加藤は「ロックンローラーが六〇歳を超えても生きているのは、格好悪い」と口にしていました。その言葉通り、彼は消えていきました。それはあまりにも美しすぎるのではないか。世間で言われている醜いこと、格好悪いことを、むしろ格好いいものに変えていこうという価値観の変革は、彼の思いの中にもあったはずです。

コタツでミカンでも食べながら、昔のことを思い出し、ともに老後をダラダラと過ごせたら、と思っていたのですが、もうその願いはかないません。あのとき、同じ花を見て美しいと言った二人の心と心が今はもう通わない。結局、それが私と加藤和彦の物語だったのでしょう。

加藤和彦にはその不調をずいぶん前に相談されていました。私は彼を知人の精神科医に紹介し、その方に主治医をお願いしていました。加藤の訴えは、創作ができない、ということでしたが、うつ状態でした。また、亡くなる少し前から、特に限られた人間が加藤の精神的な異変に気づいていました。そのことは、友人などの耳にも入っており、心配もしていました。

そんなこともあり、私は二〇〇九年一〇月一五日の夜、加藤と会って話をする約束をしていました。加藤は、その前々日には京都に行って、アマチュア時代のフォーク・クルセダーズのメンバーだった平沼義男に会い、食事をしながら歓談したといいます。

ところが、約束の日、加藤から私のところにメールが届きました。彼は会う場所を六本木のイタリア料理店に指定してきたのです。私は、加藤のことが心配だったので、まずは真面目に話をしようと考えていました。したがって、イタリア料理店でワインを飲みながら、というのはふさわしくない気がしました。そのことを加藤に伝えると、すぐに彼は私と食事をすること自体をキャンセルしてきました。「母の具合が悪いから京都に行く」というのがキャンセルの理由でした。後になってから考えると、彼としては、私と楽しく食事をして、それを格好よく、別れの挨拶にしたかったのかもしれません。

翌一六日、突然加藤が消息を絶ちます。その日、都心に住む友人のもとに、加藤から郵便が届きました。それは「遺書」のような内容でした。友人は驚き、とっさに加藤の携帯電話に電話をかけてみました。すると、加藤が電話に出たといいます。「あれ、もう届いちゃったの?」と彼は話し、やがて電話は切れました。

加藤からは、その後、私を含めた親しい知人十数人に宛てて同様に「遺書」が届きました。おそらく、彼は自らが亡くなった後に、その手紙が届くよう計算して投函したのだと思います。でも、それが投函場所の近くに住むこの友人のところには、思いのほか早く届いてしまったようなのです。

その友人は大慌てで私や加藤のマネージャーだった内田宣政さんなどに連絡をし、一六日夜、私たちは加藤の住んでいた六本木のマンションに集まりました。彼がどこに行ってしまったのか、見当がつかない。そういえば、私に前日、「京都に行く」と伝えていたことを思い出しました。もしかしたら、京都のどこかのホテルに泊まっているのではないか。そう考えて、皆で手分けして、京都中のホテルに連絡を取りました。ところが、個人情報の問題もあり、まったく消息はつかめませんでした。

遺された写真

そうこうしているうちに、携帯電話などの発信者情報などで、彼の位置がつかめるのではないか、と誰かが考えました。同時に、彼の居場所がわかる手がかりになるものはないか、とマンションの一室のドアを開けてみました。そこは、彼が録音スタジオとして改造して使っていた部屋です。ところが、開けてみると、そこはまったくの〝もぬけの殻〟でした。本来なら、ＣＤやレコード、録音機材などが所狭しと置かれているはずでした。

加藤は、誰にもわからずにそれらの物を整理し、完全に片づけていたのでした。私は、すっきり片づいた部屋を見たとたん、あの何度も垣間見てきた真空の空虚が、再びそこにあるように感じました。ここに吸い込まれたら、もう彼は戻ってこない、という思いが頭に広がっていきました。他方で、見つかった場合の手配を考えながら。

あまりにも用意周到で、よくいわれる「侍の死」にも通じる、潔い死に様を見せつけられたようで、衝撃を覚えました。侍たちは潔く〝無雑な空白〟を遺そうとしますが、加藤の心もすでに無心で一途で、「真っ白」になってしまったのではないか。

しかし、そんな空白のスタジオの壁に、一つだけ残されたものがありました。それは額装された一枚の写真でした(本章扉写真)。一九六七年一〇月一日、京都府立勤労会館で開催されたアマチュア時代のフォーク・クルセダーズの解散コンサート(「A.F.L. HOOTS BYE BYE FOLK CRUSADERS」)で、私と加藤、平沼義男の三人が演奏している姿をとらえた写真でした。前だけを見つめて何もかも捨ててきたはずの加藤がこれだけを残すことで、最後に、私たちに残したメッセージは、まさに「これだけ」だったのでしょう。そこは消すに消せない、二度と戻れない、終わりであり、出発したところでもあった、まさに青春の分かれ道。

実は、私の部屋にも、同じ日の同じ舞台を写した写真が飾られていました(113ページ写真)。加藤の写真は本ステージの際のもの、私の写真はアンコールで登場して演奏している際のもの。本ステージが終わり、帰ろうとして衣装を着替えたところにアンコールがかかり、舞台に出ていったために、着ている衣装が違うのです。当然ながら、加藤の写真では加藤がメインで大きく、私の写真は私がメインで大きく写っていました。

私にとってもそうですが、加藤にとっても、このときの瞬間が幸せな思い出として残っていたのでしょう。それは、私たちが売れるとか、売れないとかを気にせずに、とにかく自分たちの楽しい遊びに興じていた瞬間だったからだと思います。そこには無意味な、かけがえのない充実だけがあった。しかしその遊びが終わってしまった、その後の皮肉な顚末については、この本の中で述べてきたとおりです。私は、マスコミュニケーションに不安と恐怖を覚え、そこから降りていきました。一方、加藤は未来に向かい、前へ、前へとなびく流れに乗って、空虚な真空に首を突っ込んでいった。しかし私はこうして、いまも過去を引きずりながら何度も振り返ってそこに意味を求めている。そこが、私と加藤の分かれ目だったのでしょう。

翌一七日の土曜日の朝、軽井沢のホテルで加藤が亡くなっているところが発見されました。同時に私たちのところにも、加藤からの「遺書」が送られてきました。それらには「もう音楽の時代ではなくなってしまった」とありました。何を言っているんだ、音楽のために人生があったのではなく、人生のための音楽を俺たちはやってきたのではないか――。むきになってそう反論したい気持ちでいっぱいでした。

「すべて一流のプレーヤー」　加藤和彦さんを悼む

きたやまおさむ

もはや、あの人懐（ひとなつ）っこい笑顔が見られないかと思うと本当に心が痛む。それにしても、やられた。すべて計算ずくだったと思う。ワイドショー的なマスコミ報道の減る週末を選んだのも、あいつ一流の作戦だったのだろう。

彼は「振り返る」のが大嫌いだったが、大した戦績だったので、嫌われるのを承知で書こう。私は、一時期同じバンドのメンバーにして、楽曲を作る仲間、そして人生の良きライバルだった。それで故人を呼び捨てにするが、お許し頂きたい。今から数十年前のこと、その加藤がこう言ったことがある。

「お前は目の前のものを適当に食べるけど、僕は世界で一番おいしいケーキがあるなら、全財産はたいてもどこへだって飛んでいく」

趣味は一流、生き方も一流だった。ギタープレーヤーとしても一流で、プレーヤーすなわち「遊び手」としても一流。グルメであり、ワインに詳しく、ソムリエの資格をとるほどで、何をやらしても天才の名に値するレベルだった。

それがゆえに、凡百とのおつきあいの世界は、実に生きにくいものだっただろう。しかし私たちには、そんな背の高い天才の肩の上に乗ったら、見たことない景色が遥か遠くまで見えた。

加藤和彦が日本の音楽にもたらしたもの、それは「革命」だった。作品だけではなく、彼の生き方ややり方が新しかった。六〇年代、若者の革命が幾つも夢想される中、ほとんど何も持たない若いプレーヤーたちが芸能界のエスタブリッシュメントに挑んだのだ。はっきり言って、私たちは、アマチュアで、関西にいて、大した機会に恵まれなかった。そして振り返るなら、多くの「若者の戦い」の中で、あの音楽の戦いだけは一瞬成功したかに見えたし、クリエーター加藤和彦は、このプレーヤーたちの戦いの旗手となった。

自主制作の「帰って来たヨッパライ」が三〇〇枚作られ、結果的に二八〇万枚を売った半年で、日本の音楽の流れが大きく変わったのだ。大先生が作る作品を歌手が歌うという「上から下」の主流に、自作自演という「下から上」への波が音を立てて流れ込んだのである。その上、新興のシンガー・ソングライター・ブームに対し、加藤の志向は主にバンドにあり、フォークル、ミカバンド、最近では和幸と、ソロ中心に偏ることはなかった。私のようなセミプロを傍らに置いて、たててくれたのも、バンド志向の優しいリベラリズムであったと思う。
　後ろは振り返らない、そして同じことは絶対にやらないというモットーを貫き通した彼は、おいしいケーキを食べるために全財産をはたいて、また手の届かぬところに飛んで行った。戦友としては、その前だけを見る戦いぶりに拍手を贈りたい。しかし、昔話に花を咲かせ共に老後を過ごすことを楽しみにしていた仲間として、そしてこれを食い止めねばならなかった医師として、友人としては、実に無念である。

　この文章は、死の数日後、『朝日新聞』(二〇〇九年一〇月一九日付)に寄稿したものですが、文字がみえなくなるぐらいにまで悲しみにくれながら書いたものです。その後数年、相方を失った私は、週末になると気分が塞(ふさ)いで困ったことがあります。九州大学との分離も重なって生じた抑うつ状態のせいでした。

「楽屋」の喪失

　人には、心がほっとして、安心できるような「楽屋」が必要です。表の役割を演じている自分が、裏の本来の自分に戻り泣きわめく場所です。ところが、現代人には「楽屋」がなくなりつつあります。会社では管理職や社員としての役割を演じ、家に帰っても、父親や母親、あるいは夫や妻としての役割を務めなければならない。常に、表に向けた役割があって、その役割から降りることができないような状況です。所在なく、忙しくて、心を落ち着かせるような時間的・空間的なゆとりがもてない。

私の父親や母親が働きづくめで、自らの役割だけを担ってきたことは、本書で触れました。一方、いまを生きる現代人の場合は、役割は一つではなく、その場、その場でいくつもの役割を担うような状態だと思います。しかし、周囲に適当に合わせながら、内側の自分を維持していくのは至難の業なのです。

今日、都会という空間を考えてみても、整備されて、空き地のような余分な場所は失われています。ブラブラと歩いたり、どこかに座ってボーっとできるような自然は、どんどんなくなっています。どこにでも外からの照明が当たり、むしろ防犯カメラのない場所のほうが危ない。表ばかりになってしまい、安心して自分を置いておける「裏」という場がなくなっているのでしょう。

マイケル・ジャクソンにしろ(二〇〇九年六月没、享年五〇歳)、プリンスにしろ(二〇一六年四月没、享年五七歳)、あるいは、加藤和彦にしろ、不可解な死を迎えてしまうミュージシャンたちが目につきます。もちろん、そうでないミュージシャンがたくさんいることを認めつつも、彼らの不可解な死は、私たち普通に生きている者たちに、いろいろな黄色信号を点滅させているように感じるのです。

マイケル・ジャクソンは、麻酔薬と抗不安薬の複合使用が原因で急死したといわれています。死後、公開された映画『マイケル・ジャクソン THIS IS IT』(二〇〇九年一〇月公開)は、その年の七月から予定されていたワールド・ツアー「THIS IS IT」のリハーサルの記録を集めて映像作品にまとめたものです。

なぜ、そのような作品が生まれたのか。それは、マイケル・ジャクソンが徹底的に自己モニタリングをしていたからです。リハーサルという、本来なら撮影しなくてもよいところを、彼はカメラを置いて撮影し、自分の姿をすべて把握しようとした。映画の中でも、モニターを何度も確認する彼の姿が映し出されています。

こうなると、自分自身の表を自ら操作することになっていきます。常に自分の姿が周囲にどう映るかを確認して、修正していく。マイケル・ジャクソンとしての素顔、裏にある真の姿はどんどん失われていき、常に表だけになっていく。本来は無意識となるはずの裏の心を置いておける「楽屋」が、自分からも失われていったのでしょう。

全体は見にくい

マイケル・ジャクソンは、自分がどう映っているか、自分の全体像を把握しようとした。でも、通常、人は自己の全体を把握することはできません。「真実は全体にある」と主張する哲学者もいるように、自己全体が本当の自分だという考え方があります。

しかし、そのように全体を把握できる視点をもつことは神でもなければ、無理です。私たちは、自分のある部分しか見ることができませんし、特別な他者を通してしか自分を把握することはできません。

自分はこういう姿、性格だと思っている。でも、他人からすると、違う姿、性格に見えることがある。自分が見ているのは実は上の部分だけで、下の部分は見ていなかったりする。結局、全体を見ることは難しい。

これは私にとっての、他人のことについてもそうです。他人の裏は見えないので、その全体は、表からよくわからないはずです。つまり、人間は「見にくい」のです。「見ることが難しい」ということは「見にくい」ことであり、また「醜い」ことでもあるのです。自分の顔が見えないように、自分の性格や心は特に一番「見にくい(醜い)」のです。また自分が見たくないことを、他人から見せつけられると「醜い」と感じてしまう。自分はこういう人間であると思っているのに、それとは違うところを乱暴な形で他人に指摘されると、自分は「醜い」と思ってしまう。そのうえ、特に私のことを「見にくい」「見苦しい」と感じている他者からそれを指摘されると、その他者による評価が取り入れられて私は「醜い」という自己評価となるというのが、私が精神分析から最初に得た洞察であり、長くもち続けてきた重要な洞察でもあるのです。

ヘイリー先生は、私の貪欲さやわがままを「見苦しい」とは言わなかった。むしろ

「見やすく」してくれた。そう思います。

ところが社会では、人間の裏の「醜さ」を面白がって取り上げる傾向が強まっています。不倫、離婚、あるいは金銭をめぐるスキャンダルなど、否が応でも他者や自分の裏を見せつけられる時代になっています。東日本大震災が起きた際に、「津波の映像をテレビで何度も見せるな」などという声が上がりました。それを見つめる子どもに悪い影響を与えることを危惧してのものです。しかし、津波の光景を見せなかったとしても、私たちは日々、人間世界の「見にくい(醜い)」光景を津波のごとく見せつけられているのではないでしょうか。

私もまた、「醜いもの」をたくさん見てきたように思います。終戦直後、駅前で駅裏で、そして医院で、人間たちが表と裏を混じり合わせて私に向けて押し寄せてきた。私は人びとの楽屋となるような場所で、伊邪那岐や与ひょうのようにそれを正視できなかった。表だけの「きれいごと」ではない、裏を見せつけられて逃げ出し、立ちすくんで生きていた。それで、私は飛び出した。そういう重苦しい意味から逃げて、軽く舞うような無意味に飛びついた。

もはや、あの混乱した戦後ではないといわれます。しかし、この現代でも、ますます裏が表に噴出して、入り混じり、本当の自分や心の秘密を置いておける人びとの「楽屋」が失われていく状況にあると思います。この「醜い」裏の部分をコントロールして、できるだけ表面を取り繕おうとしても際限がありません。そして、表だけ修正を重ねていけばいくほど、本来の自分はますます「所在なく」なっていくことになります。

「面白さ」が得られない

第5章でも触れましたが、麻薬などに手を出してしまうミュージシャンたちが体験するのは、「空しさ」でしょう。特にこれが「見にくい」。聴衆の熱狂に包まれていながら、本当の自分が求められていないのではないか、という手応えのない空しさ。

ミュージシャンの空しさを見るためには、チャーリー・パーカーの生涯を描いたクリント・イーストウッド監督の『バード』(一九八八年)、あるいはジャニス・ジョプリンをモデルにした『ローズ』(一九七九年)というような劇映画もいい。しかしここでは、あるライブ映像を紹介したいと思います。サイモン&ガーファンクルのコンサートを収録した『オールド・フレンズ〜ライヴ・オン・ステージ』というDVDがあります(ソニー・ミュージックジャパンインターナショナル、二〇〇五年)。二〇〇三年から〇四年にかけて行われたサイモン&ガーファンクルの再結成ツアーのうち、ハイライトとなったマディソン・スクエア・ガーデン(ニューヨーク)とコンチネンタル・エアラインズ・アリーナ(ニュージャージー)で行われたコンサート(二〇〇三年一二月)の模様を収録したものです。

このライブで印象的なのは、ポール・サイモンの顔にまったくと言ってよいほど表情がないことです。ポール・サイモンはもともと変わり者で、気難しいといわれていましたし、そうした性格が解散の引き金になったともいわれています。そのことを知ったうえでも、このライブ映像でのサイモンの表情は、場にしらけてしまっている印象をもちます。そこにあるのは、「神経症的」ともいわれる彼の代表曲「アイ・アム・ア・ロック」(邦訳すれば「私は岩だ」)の「私は誰にも触らないし、誰も私に触らない」という歌詞そのままの、無表情な顔です。

また、一九六六年六―七月に行われたビートルズの武道館ライブの映像などを見ても、彼らがどこかしらけてしまっている印象をもちます。実際、後の証言によれば、ビートルズはこの時期、自分たちの音楽が大歓声によって常にかき消されてしまうライブに嫌気がさしており、約二カ月後の八月に行われたサンフランシスコでのライブを最後に、ライブ活動を辞めています。

私の経験なども踏まえていいますと、ライブが大規模化して、客一人ひとりの顔が見えなくなると、ますます手応えが感じられにくくなるように思うのです。もちろん、観客の拍手や叫んでいる声は聴こえます。でも、叫んでいる人の顔が見えない。手応えが、演奏と大きくずれる。このことに、私自身はとても空しさを感じたものです。

民俗学者の柳田國男が唱えている説なのですが、「面白い」という言葉の語源には、「面が白くなる」という意味があるといいます。「面」というのは顔のことです。その昔、語り部が囲炉裏を囲んで話をしていたところ、面白い話に聞き手が顔を上げて、その顔が囲炉裏の光に照り返されて白く輝いて見えた。

アマチュア時代のフォーク・クルセダーズの活動を振り返ると、その柳田國男の説が、実感をもって理解できます。お客さんの顔がパッと明るくなって、私たちの演奏にも影響を与えてくれる。また、ライブに限らず、講演や授業など、クリエイティブな活動を行う場合でも、受け手一人ひとりの顔が見えて、それらを相手に行ったほうが、手応えが感じられるものです。

表情や反応を見ながら、こちらも向こうも音楽を介して身も心も応じていく。これが肉声と肉体の交流の面白さであり、英語で「インターコース」というように「性交」にも喩えられるところです。

ところが、受け手が数千人、数万人と膨れ上がり、暗闇の中で照明が当たって聴衆の顔が見えなくなると、舞台の上のパフォーマーには手応えがなくなってしまう。しかも、サイモン&ガーファンクルの場合、この再結成ツアーでは四〇回ぐらい公演を行っています。同じことを何度も繰り返し、顔の見えない受け手から大歓声を受ける。サイモンの無表情には、マス・ミュージシャンとしての空しさと本当の顔が表れているように思います。DVDで比べるなら、たとえば一九八一年に行われた一回限りのセントラルパークのチャリティ・コンサート(『セントラルパーク・コンサート』ソニー・ミュージックジャパンインターナショナル）や、二〇一一年に同じくニューヨークの中級ホールで行われた単独ライブ（『ライヴ・イン・ニューヨーク・シティ』ユニバーサルミュージック）のほうが、圧倒的に表情があり、「岩」は覆われて、私たちはホッとします。

空虚と満足

私自身も、度々、襲われてきた空しさ。心の中にどこかポッカリと空間ができ、空虚な気持ちになってしまうことが、空しいということなのでしょう。精神分析学では「エンプティネス（emptiness）」といいます。まさに空間があって、そこが埋められていない状態を指します。精神分析学は、エンプティネスを深刻な精神病理としてとらえ、現代人の深層心理を読み解く重要なキーワードとしています。

アメリカの精神科医、J・F・マスターソンは一九八〇年代、「ボーダーライン・パーソナリティ・ディスオーダー（境界性人格障害）」の治療を行い、その背後には深刻な「エンプティネス」があると主張しました。

空しさに襲われたとき、人は何かをすることによって、その空間を何かで埋めようとする傾向があります。これもすでに述べましたが（第5章）、二〇代だった私はその空虚さを、次々と歌をつくることによって埋めようとしました。それが歌をつくることによっても埋められないことに気づかされた後も、私は忙しくいろいろなことに手を出してきた。それは放っておくと、すぐに心がうっすらとした空虚に襲われてしまうからです。

日本語で「満足」とか、「満ち足りている」という言い方をしますが、これはとてもうまい表現です。空間が満ちている、空虚が埋まっているときの感覚がうまく表現されています。心の空間が充満している満足な状態から、徐々に埋めているものが乏しくなり、空間が大きくなると空しさを感じてしまう。日本人にとっては、心に空間がなく満ちているのが、幸せということなのでしょう。あるいは、これは日本人に限らず、世界的にも共通する感覚なのかもしれません。いずれにしても、日本語では幸福や不幸の仕組みがそうした表現によって見事に表されています。

考えてみると、日本人は、欧米人がバカンスを楽しむように、別荘など、どこか同じところに長期間とどまって、暇な時間と空間をただひたすらボーっと過ごしているような休暇のとり方が苦手といわれます。何かをしていないと気が済まない。たとえば、旅行などに行っても、みんな忙しくスケジュールをこなしているように見えます。

いることの幸せ

何かをすることによって幸福感を得ようとする。しかし、幸福感が得られるのは、それだけではないと思うのです。何かをするのではなく、いるだけで幸せを感じられる場合もあるでしょう。「することの幸せ」ではなく、「いることの幸せ」です。

たとえば、温泉につかっているような状態です。よくお年寄りが温泉につかる際に「あ〜、極楽、極楽」と言ったりします。それは、ふだんは厳しい現実という「地獄」の中にあり、温泉につかってホッとできる状態が「極楽」であるという感覚を表しているのでしょう。

湯につかる。ゆっくり、ゆったり、ゆとり、などなど。この「ゆ(湯)」という日本語の音には、どことなく心を落ち着ける感じがあります。

温泉につかって心がホッとしているとき、人は何かをしているわけではありません。むしろ、無防備な状態に身を預けています。したがって、宮本武蔵のような剣客がゆっくりと風呂に入ることができなかったというエピソードには、とても納得させられます。無防備な状態で、いつ敵に襲われるかわからないからです。

人間の赤ちゃんは、誰かの力を借りなければ、自分では何もできず、生きていくことのできない未熟な存在です。そんな赤ちゃんが母親に抱かれている状態を観察していると、かなりの時間を何もせずにボーっとしていたりします。この状態が「いることの幸せ」なのではないか、と思うのです。

でも、赤ちゃんが自然と味わっていたはずの「いることとの幸せ」を、人は成長するにしたがって何ものかに譲り渡していくのでしょう。幼児期になり、自分から動いて何かをできるようになる。小学生になると、親から「ボーっとしてないで勉強しなさい」と言われる。大人になると、競争社会の中で、何かをしていないと周囲に取り残されていくような心配も生じる。またコマーシャルなどは、「あれをやれば楽しい」「これをやれば楽しい」と「することの幸せ」を次々と押しつけてくる。

この過程は、言語を習得して喋るという「すること」によって、意味の世界に入っていくことにも見られます。赤ちゃんの目の前に、お母さんの黄色いリボンがあったとします。言葉を習得していない赤ちゃんは、それを感覚でとらえています。なめたり、匂いを嗅いだり、つかんだりしてそれを把握しようとする。お母さんの匂いがして、自分のヨダレもベチャベチャとくっついていて……。その対象を、赤ちゃんは無媒介的に肉体で把握しているように見えます。

ところが、言葉を習得して、意味の世界に入っていくと、お母さんの匂いや自分のヨダレなどといった全身で把握する様式は失われ、「黄色いリボン」という言葉を媒介にしてその意味のほうを味わうようになる。体験は言葉で切り取られた意味という部分に代表されていくようになる。

物の匂いをクンクンと嗅いでみたり、物をベチャベチャとなめたり、訳もなくジタバタしているような状態から、名前が付くことで言葉によって対象を呼び出したり、自分の考えを示したりすることができるようになります。外部から見れば、これは落ち着いた状態を獲得する成長だととらえられ、こうした有意味の世界への参加は祝福されるのです。

しかしながら赤ちゃんの何をするわけでもない、ボーっとしている状態には名前がない。意味の世界の中では、ただの「いるだけ」＝「何もしていない状態」＝「意味のある行為をしていない状態」とされ、つまりそこは意味の欠落があり、無意味としてとらえられます。この無意味は深い充実とともにあったはずですが、私たちは何か「意味のあること」をやることでしか満足を得られない、と思い込んでいる。

でも、何かすることによって空しさを埋めようとしても、際限がない。突然訪れる空しさに脅え続けなければならない。誤解を恐れずに言うなら、あの死に急いでしまったミュージシャンたちが示すように、空しさが訪れることを回避するために、前へ前へと進むしかなくなってしまう。しかし、その先には再び空虚が口をあけて待っている。

「楽屋」での無意味な充実

人は、潔く消えていくという選択をとることもできます。でも、生き続けることを最大の価値とするならば、私たちは「いることの幸せ」を得られる場を確保しなければならないと思います。何もせずに、安心して本来の自己でいられるような「ゆ」の感覚に満たされる場です。

私たちは前に進むだけではなく、そうした場で退行することが必要なのだと思います。

意味の世界から脱け出し、赤ちゃんが「いるだけ」でいたような心の状態へ。そのように退行でき、無意味な充実の場こそが、その人にとっての「楽屋」でもあります。それは、温泉なのかもしれないし、河原や海岸なのかもしれません。あるいは、特定の場所ではなく、誰かとの関係性の中にある場合もあるでしょう。大事なのは、ゆっくりできるような場、関係性、そして心の在り方なのです。

しかし一方で、そうした場に、私たちは退行し続けるわけにはいきません。言語によって切り取られた意味の世界や現実に戻らなければならない。温泉に行って、ずっと「ゆ」につかり続けているわけにはいかない。一時的に温泉に行って、また現実に戻ってこなければいけない。

たとえば、河原で雲を見つめていると、天使の顔に見えたりすることがある。でも、それはすぐに雲に戻ってしまう。雲が天使に見えるのは、錯覚なのです。もし、これが天使にしか見えなくなってしまうと、それは妄想ということになります。錯覚から戻ることを脱錯覚といいますが、妄想とはそれが不可逆的になってしまい、脱錯覚ができなくなってしまう状態を指します。妄想に浸り続けることは、深刻な精神病理であり、危険な状態です。

また人工的にずっと退行し続けようとすれば、覚せい剤や麻薬の甘美に頼ることにな

ってしまうかもしれない。そうではなく、私たちは、自分の「楽屋」にときどき戻って、

そして現実に戻るという、行って、帰ってくるということを繰り返すしかない。

潔く向こうに行ったきりで、二度と戻ってこないというのではなく、こっちの世界に戻ってこなければならない。帰って来たヨッパライのように天国とこの世を行ったり来たり、「浦島太郎」の亀のように竜宮城と地上とを行ったり来たりしなければならないのです。

「帰って来たヨッパライ」の神様は「天国ちゅうとこは、そんなに甘いもんやおまへんにゃ　もっとまじめにやれ」と言います。我らが醸成する「甘えの構造」（土居健郎先生の理論）のおかげで「甘え」が許されるというのも、一時的な期間だけなのです。時間が来れば甘えられなくなる。しかしこの甘えに、潔さとはかなさの美学が合体すると、とてつもなく魅惑的で危険な陶酔が生まれて、その甘美な坩堝（るつぼ）に人は「絶対にこれだ」と飛び込んでしまいます。

居座る夕鶴

前へ進みつつ、でも、退行もしつつ。結局のところ、この本で私が繰り返し述べてきた「あれと、これと」ということなのでしょう。日本語には英語の「and / or」に相当するような「とか」という並列のさせ方がありますが、「あれとか、これとか」のほうがのんびりしていますね。意味のある空間と意味のない空間、仕事と遊び、眠りと覚醒、錯覚と脱錯覚、忙しくしていて、でもゆったりもする。「することの幸せ」を享受しつつ失い、「いることの幸せ」も享受しながら失う。「あれか、これか」というより、「あれとか、これとか」で生きてゆく。「あれ」と「これ」の間で、一日に何回かため息をつくくらいが丁度いい。

本書で述べてきたように、私自身が「あれとか、これとか」で生きてきました。医者であったり、ミュージシャンであったり、また、現在も七〇歳を超え、老いて半分死んでいるようなものだし、それでも生きて、老いさらばえてゆきます。人は、常に元気ということはありえないわけで、元気であるときもあれば、元気でないときもある。

でも、そうした「あれとか、これとか」と揺れる姿勢は、見方によっては潔くなく映ります。生き続けていくためには、潔さの美学が不都合になる。生き続けるというのは、けっして格好いいだけではない。「老醜」を隠して、表の自分を修正し続けて、格好よさだけを追求しながら、生き続けることは苦しい。生き続けるためには、見にくい自分も自覚して、時には受け入れてもらうしかないのだと思います。これが自分なんだ、これが人間なんだ、と。「あれか、これか」ではなく、「あれとか、これとか」が自分なんだ、と。

「夕鶴」のつうは、人間でありながら、実は傷ついた鶴だと見やぶられても、鶴でもあり、人間でもある存在として居座り続けてほしい。潔く去っていかずに、居座る夕鶴。

人間なのか、鶴なのかと迫られようが、傷ついて醜いといわれようが、居座り続ける感覚が、この現実を生き続けていくためには必要なのだと私は考えます。

「あれか、これか」という二分法の考え方に迫られる中で、これに抗し「分かれ目」に立ち、「あれと、これと」あるいは「あれとか、これとか」という在り方を大切にしていきたいものです。それは、現代の多様性の時代にあっては、むしろ求められるべき生き方でもあるのかもしれません。

太く短く生きることが美しいとされる価値観が根強くありますが、たとえみっともない、格好悪いといわれようとも、長く細く、ダラダラと生きていく。そうした生き方だっていいのではないでしょうか。玉手箱がひらいた後も、浦島太郎は生きるわけです。

イヌイットに伝わる物語で「鴨女房」というものがあります。「夕鶴」と同様に、鴨が女性となって人間の男性の前に現れて結婚するのですが、鴨であることが発覚し、去っていった妻を夫が追いかけてゆき、共に過ごす結末となっています(小沢俊夫『世界の民話――ひとと動物との婚姻譚』中公新書、一九七九年参照)。世界中を見渡すと、いろんな異類婚姻譚があります。「夕鶴」では、つうは人間ではなく鶴として排除されますし、グリム童話の「かえるの王さま」では、魔法でかえるにされた王様が最後は人間に戻ります。これでは鶴は鶴の仲間であり、人間は人間の仲間であり、そのどっちかであることが強く求められるままでしょう。もちろんいろんな物語があってよいと思いますが、かえるが人間に戻らずにかえるのままお姫様と暮らしたり、鴨のまま女房として人間とともに生きるような可能性を、もっともっと「どさくさに紛れて」紹介したいと思います。

意味のないことにも意味がある

どっちつかずで、引き裂かれてきた私は、精神分析に出会い、精神分析家の道を選ぶことで、何ものかになったと実感しています。そして私は、多くの悩みを抱えた現代人が生きていくうえで、精神分析学にできることはけっして小さくないと思っています。

前述したように空しさに襲われたとき、人はとかく何か意味のあることを行うことで、空虚を埋めようとします。自分のしていることに、あるいは、自分の生き方そのものに何らかの意味が見出せないと、とたんに空しさが襲ってきます。

特に愛しいパートナーや、友人を、あるいは街や家を、急に喪失するなら、そこにあいた穴の埋まらない空虚は、耐えられないものとなるでしょう。穴だらけの私の人生は何だったのだろう。自分には生きる価値があったのだろうか、と。そうした意味のなさを感じてしまうと、我が身を誘い込む空虚の吸引力は強烈です。しかも、それはどんなときに訪れるのかわかりません。

しかし、精神分析は、その空虚さに意味を見出してくれます。空虚であること、すなわち実がないということは、身体の中身がないという意味です。手応えのような実感もなければ、味も感じられない。まさに砂を嚙むような無機的な状態です。でも甘美な実は見つからなくても、こうして何らかの意味は見出せると思うのです。

空虚を感じること。そのこと自体にも、味わうべき何らかの意味があるのではないか、と。特に「空しい」という情緒表現は、空虚という情緒も意味もないような無機的体験を有機的心情に橋渡ししてくれるのです。

前章で、私が大阪駅前のロッカーを開けたら中に何も入っていなかったという経験を語りました。私はそのことにとてつもない空しさを感じた。忙しく学会に出かけ、その後、釣りを楽しんでいたはずなのに、空しさがあふれ出てきたあの瞬間。あれをまったく意味のない空虚の苦痛としてとらえることもできるでしょう。でも、意味がないと思ったこと、そう思った私の心の動きにすら、何らかの心情として、そして物語としても意味があったと思うのです。

ここで生かされているのが、「空しい」という言葉が有する無機的な空間と有機的な抑うつ的情緒という、意味の両義性です。あの経験があって、それを描く言葉を得たからこそ、私は空しさについて真剣に向き合い、意味を考えることができたからです。それは、精神分析という体験の意味を考えるためのシステムがあったからこそ、だと思います。

意味がないと思われることでも、少し距離を置いて向き合ってみる。起こったことを物語にしてみることで、文脈からその意味がわかると、どこか心に落ち着きができるし、意味をかみしめるなら考える余裕も生まれている。だから、どれほど意味がないと思った空虚でも、意味が見つかり有意味となるかもしれない。そうして気がつけば、空虚は部分であり、全部ではなくなる。

私自身を振り返ってみると、普通の人が経験しないような経験をしたり、普通の人があまり抱かないような思いを抱いたり、考えをもったり、してきました。それらはけっして褒められるようなことばかりではありませんし、情けないものもたくさんあります。でも、それらをいずれも「あれか、これか」と切り捨てずに、「あれとか、これとか」と時間をかけて意味を見出してこられたのは、精神分析との出会いのおかげだと思います。

もっとも、本書でも述べてきたように幼いころから、マザーグースの歌やルイス・キャロルの『不思議の国のアリス』のように、意味のわからないもの、意味のないと思われている世界に関心をもって、楽しんできました。無意味に飛びついた私が、他方で精神分析という意味を見つける職業に出会うのは必然だったのかもしれませんし、精神分析が私を活かしてくれたのでしょう。

意味が空虚を味わいに変える

「はじめに」で、自分の性格などを照らし返す反射板（リフレクター）について触れました。人は、他者からの反射板を自己に取り入れて、自己省察（セルフリフレクション）を行っていくことになります。正確に教えてくれる第三者、あるいは第二者に出会わなければ、自分を知ることはできないわけです。

しかも、その他者というリフレクターがまともなものとは限らない。悪い部分ばかりを指摘することもあれば、良い面ばかりを指摘する場合もある。「白雪姫」の継母のように、ナルシスティックな鏡でセルフリフレクションを行っても、急激に幻滅させられて苦しくなるだけです。

もし、あなたの周囲に「あなたはこういう良いところもあるけれど、こういう悪いところもある」と客観的に分析して、鏡のごとく正直に返してくれる人がいたとしたら、その人のことは大切にしたほうがよいでしょう。その人は、あなたにとって貴重なパートナーだと思います。でも現実では、そのような人に出会うことはなかなか難しいのも事実です。そうした中で、精神分析のトレーニングを受けた専門家に出会うこともまた、あなたのお役に立てるかもしれません。

私は精神分析家たちのコミュニティの中で生きています。精神分析家に囲まれて生きていると、それだけで学ぶことがたくさんあります。精神分析家たちとは、他人のことをああだ、こうだと指摘し合う集団なのです（もちろん、なかには深刻な誤解や偏見もありますが）。だから、私にも「あなたはこういう人だ」「ああいう人だ」と遠慮なく言ってくれる。たくさんの優れたリフレクターに照らし返されて生きているといっても過言ではありません。

本書の中で、私は自らの心の軌跡をセルフリフレクションしてきたわけですが、「北山修」と「きたやまおさむ」の対話を可能ならしめたのも精神分析であり、またこうした精神分析家たちのリフレクションがあってこそだと思います。そして、ロンドンのヘイリー先生の分析室から始まった精神分析という場や、精神分析家のコミュニティが、私にとっての「楽屋」なのだといえましょう。

退行できる場、「いることの幸せ」を感じられる場としての「楽屋」。現代の厳しい時代を生きる人たちが、それを見つけるためにも、精神分析学、精神療法を活用していただきたいと思います。自由な連想によって、「あれとか、これとか」と揺れていると、やがて空しさにも意味が宿り、心の中の空虚を余裕に、苦痛を味わいに変えることもできるかもしれない。

そうして残る、うっすらと残る部分的な空しさは味わっていくしかない。急いで天国に行っても必ず追い出される。人生は一回、命も一つ、失くしたら取り返しがつかない。劇の観点を活用するとしても、人生は演じるものではなく、生きるもの。かけがえのないものの発見は、劇的に可能になるのではなく、何年もかかることもあります。

本書で述べたことも、即座に何らかの役に立つことはないでしょう。でも、私の心の軌跡、そして私たちの考え方が、みなさんが生き続けていくうえで、何らかのヒントになるとしたら、うれしく思います。

天国に行ったヨッパライが、神様に追い出されても現世でダラダラと過ごしていく。穴だらけの自己や人生を、潔くあきらめずに、「あれとか、これとか」でゆっくり焦点を移動させて生き続けていく。そんな多焦点を心に確保した生き方や考え方は、個人にとっても、あるいは世界にとってもその交流の手法により、平和なネットワークを紡ぎ出すものではないか、とまで私は考えます。現実や文化や言語は、そして目や肌の色は異なるけど、人の心の中は、大して変わりないのですから。

おわりに——コブのない駱駝のごとく

精神科医・北山修による出演者・きたやまおさむの深層分析の試みは、どんなふうに感じられたでしょうか。

こうして自分がどう生きてきたのか、その心がどう動いていったのかを振り返ってみるなら、私の生き方というのは、この生を貪欲に、はじからはじまでしゃぶりつくすようなものだったのではないか。つまり表だけでなく、裏までも十分にしゃぶりつくしてきた生き方。

ただし、その私の心（ウラ）はけっして究められることはなく、その全体はいつも見苦しいのです。身内の精神科医から見ると私は「ヒポマニック（軽躁）」と診断され、長く付き合っている臨床心理士は「注意欠陥多動性障害」と断言し、ある精神科医は私を「強迫的」だと断定しています。どれも私の空虚を防衛する姿をとらえており、正しいのです。そのうえ、私は自己愛的だったと思うのですが、当然ながら、それらは皆一部なのであり、全体ではないのです。

最後の第7章でも触れましたが、人は醜さも含んだ自らの全体を見たがりません。自分に都合のよい部分を見て、都合の悪い部分は大事にせず、排除したがります。あるいは、逆に、自分の醜い部分にばかりに関心が向いてしまい、自己卑下に終始してしまう人もいるでしょう。いずれの場合も、「あれか、これか」と、部分を大事にして、他方を切り落としている点では共通しています。

実は、私は一七歳のころまで英語で「イマジナリー・コンパニオン」「イマジナリー・フレンド」と呼ばれる者たちに囲まれて過ごしてきました。「想像上の仲間」と訳される、現実にはいるのかいないのかよくわからない人物たちのことで、私の場合は特に鏡の中に出現しました。理髪店に行くと、大きな鏡の中に手を振りながら現れましたが、理髪師のおじさんがそれについて知らんぷりをするので、私は触れてはいけないものだと考え、家族にも隠していました。「ピーターパン」や「となりのトトロ」などがそれに近いと思いますが、文献によると、欧米の子どもたちにはたくさん出現することが報告されているのに対して、日本人は否定的に扱うことが多いようです。しかし、奇妙で楽しそうなこの「仲間たち」の話にも心理的な意義があるのですが、紙面も尽きてきたので分析はまたの機会にまわしましょう。

こうやってまだまだ裏話はあるわけなのですが、話を本書の主題に戻しましょうか。

とにかく私は、常に旅を続けて、それでもその旅から帰ってきました。幼いころ京都駅で発着する列車を見て、脱出を夢見て、遠いどこかに思いをはせ出かけてゆきましたが、着いたところがやはり元の出発駅だったように感じます。それを全体で見るなら、行ったり来たりの人生なのです。京都、東京、札幌、ロンドン、そして九州と、あちこちに赴きながら、それも往復しながら過ごしてきました。しかも私の心のあり様も、一つのところに留まらず、あちこち漂い、往復運動を続けてきたのだと思います。

Ａ地点とＢ地点の間を揺れながら、簡単にはどちらかに行ったきりとはならない。その揺れているという体験そのものを見つめ、その軌跡を言葉で描き出そうとしました。意味のないと思われることを、言葉にすることで意味を見出そうとしてきた。それが私の生き方だったようにも思います。Ａという体験だけを味わって満足するのではなく、Ｂというウラの意味も味わう。そしてその両方を合わせて食いつくす。

だから、たどり着いたらいつも空っぽは、自業自得。

ＡもＢも味わうというと、一見、楽しそうにも見えます。でも、Ａなのか、Ｂなのかを選ばず、どっちつかずでフラフラとしているというのは、集団に所属しないので、極めて孤独なことでもあります。さらには、中途半端だ、どっちつかずと内外から批判もされがちですが、そのことにもなれっこになりました。

少なくとも私は精神分析家としては、その地点に立たなければならないと感じています。それは確実に中立性の問題でもあります。私自身はヤクルトファンですが、巨人ファンの患者も診なければいけないのです。男性でありながら、女性の気持ちも理解できなければならないのです。大人だけど、子どもの気持ちを想像しなければならない。私たちの仕事にはこうした中立性を求める努力が必要とされるのです。精神分析に出会い、精神分析家の道を歩んだことが、こういう私の生き方に肯定感を与えてくれたと思います。

「あれしかない」と思っている人に、「あれもあるけれど、これもある」と示してくれるもの。「あれとか、これとか、そしてそれとか……」と生きてゆく、それが精神分析の役割の一つであると思います。そうした発想は、外から植えつけられるのではなく、本来、自分の内にあった発想が熟すのを待ち、意味として提示することなのでしょう。「こういう考え方も、ああいう考え方も、できるかもしれない」と。

偏った考えの相手にそう気づいてもらうためには、時間がかかります。薬を与えたからといって、すぐに「こういう生き方」が見つかるわけでもない。むしろ、何年もかけて、探しているものはなかったとやっと気づき、そこから意味が見つかることのほうが多いのかもしれない。

精神分析によってすぐに成果が得られるわけではないし、その効果は統計ではっきり証明できるわけでもない。でも、時間をかけて、もう一つの選択肢、別の部分、忘れていた意味などをコツコツと見つけ出して、人生を大きな物語として紡ぎ出していくことには、社会に提示すべき生き方と考え方があると思います。

精神分析にも文化人類学にもまだ出会っていない、フォーク・クルセダーズ時代につくった曲に「コブのない駱駝」（作詞：北山修、作曲：加藤和彦）があります。シングル『悲しくてやりきれない』のB面曲で、後にアルバム『紀元弐阡年（にせん）』に収録されたものです。

「コブのない駱駝」（作詞：北山修、作曲：加藤和彦）

昔　アラビアに
コブのない駱駝と
鼻の短い象と
立って歩く豚がいました
彼等は自分のみにくさを嘆き
アラーの神に祈ったのでした
コブのない駱駝　コブのない駱駝　コブのない駱駝
あ〜　みんなはオレをからかうの

あ〜　コブがないから楽だなんて
よく　お聞きなさい
駱駝なんかじゃない
お前は　馬さ

鼻の短い象　鼻の短い象　鼻の短い象
あ〜　私のおハナは短いの
あ〜　カガミをみるたび　ゾウーとするの
よく　お聞きなさい
象なんかじゃない
お前は　河馬さ

立って歩く豚　立って歩く豚　立って歩く豚
あ〜　二本の足で歩きたい
あ〜　だけどみんなにぶたれるの
よく　お聞きなさい
豚なんかじゃない

お前は　人さ

駱駝か馬か、象か河馬か、豚か人か。そう選択を迫られるなかで、いや両方なんだと胸を張って堂々とは主張しないけれど、その「分かれ目」にみっともなく立ち続けることがあってもいいように思います。

本書の筆をおくにあたり、私がここ最近、関心をもっている「アール・ブリュット」について紹介したいと思います。一般的には、障害者などを中心に、伝統的な芸術の訓練を受けたわけでもなく、他人から評価されて名声を得ることを望んでいるわけでもなく、自らの心に従って自然に表現したアートのこととされています。社会のインサイダーの芸術ではないという意味で、「アウトサイダー・アート」ともいわれます。

しかし、定義がはっきりしているわけでも、ある特定の表現スタイルでくくられているわけでもありません。いわば「名づけられないアート」「ネームレス・アート」と呼ぶのがふさわしいのかもしれません。

作品はどれも個性的でインパクトがあり、何かを主張していますが、固定された意味は見つかりません。つまり彼らの作品を理解しようとしても、意図や意味が理解できないのです。

とかく私たちは分類することによって「分かった」という実感を得ようとします。でも、彼らの作品は「分かる」ことを拒否しているのだと思います。分類されて、何かの枠に収まるということを。AやBに分類されない「もう一つ」の意味の豊かさを、彼らの作品は表現しているようにも感じます。

分類されないものを、分類せずに、心の中にそのままに置いておくための大切な時空間。これが、私にとってのアール・ブリュットの意義です。

そこで彼らの作品を観ていると、彼らの多くは空間を一生懸命にびっしりと埋めようとしている。ひょっとしたら、この多産には空虚や空しさに対する彼らの不安や恐怖が表れているのかもしれません。彼らは描くことによって、あるいは造形によって、その空虚さを埋めようとするのかもしれません。彼らは空虚を見つめ、そこを率直に何かで淡々と埋めようとしているのかもしれません。けっして格好よいとか、見やすい、というような美学や甘い価値観ではなく。

しかも、私が彼らに深い共感を覚えるのは次のような話です。彼らのお母さんや彼らを支援している先生たちから聞いたところによると、彼らは自分の作品が注目されることにはあまり関心がありません。立派なスタジオが用意されて、その創造性に周囲が期待をもちはじめると、とたんに描くのをやめてしまうケースもあるそうです。

それは、彼らは自分たちが生きていくために、作品をつくり続けているからなのかもしれません。アートのために生きているのではなく、生きていくために切実なアートを生み出しているのかもしれない。

何かのためではない、それは無意味な充実かもしれないが、答えはわからない。絶えることのない反復と増殖する自己表現は、彼らが「抱える環境」を得て、目の前の創造的な空虚に向き合っていることの表れかもしれない。

心の宇宙は、空よりも広く、海よりも深い。まだまだその意味は読み取られて、言葉になるのを待っている。

本書の最後に、こんな私にもその「いること」を可能にしてくれている「抱える環境」、つまり現在の家族と友人たちに感謝したい。多くのことを教えてくれた患者さんたちには、なかなか直接言う機会がないが、この場を借りてお礼を言いたい。細かいところが見えにくい私は、最初から最後まで、編集の田中宏幸さんに世話になりました。

さて、何かのライブコンサートの記録でこれを終わりたいと思い、友人にただ誘われるがまま、オールディーズのライブハウス、銀座のケントスに出かけた。出演は、エルヴィス・プレスリーに限りなく近いそっくりさん、グレッグ・ミラー。ほとんどあてになどしてなかったが、これが意外とよかった。目の前の、手の届きそうなところで、彼は汗を拭き拭き、「この胸のときめきを」を熱唱していた。

人生は死んでいるし、リアルじゃない。

ポップスはこういう一片の真実を軽く歌いあげる。私は図らずも涙してしまった。サンキュー、グレッグ、悪くない最後だ。

2000 年代中ごろ，前田重治先生と志賀島で．

二〇一七年一二月二日、はしだのりひこが亡くなりました(享年七二歳)。この年の春には、KBS京都(京都放送)の創立六五周年を記念して「京都フォーク・デイズ ライブ きたやまおさむと京都フォークの世界」というコンサートが開催されました。私は、はしだを、そのコンサートにサプライズ・ゲストとして引っ張り出した。車椅子のはしだと久しぶりに声を合わせたのですが、それからわずか半年余りの訃報でした。

ここに、新聞(『毎日新聞』二〇一八年一月二九日付)に掲載された私の追悼文を載せておきます。

「風」とともに去った　はしだのりひこさんを悼む

私たち「ザ・フォーク・クルセダーズ」がデビューした時、ノリちゃんは「何のためにやるんや」という問いにぶち当たっていた。「帰って来たヨッパライ」が大ヒットし、親分肌の彼が、新メンバーとして大騒ぎに思いがけず巻き込まれてしまったのだ。

それに、無意味に甲高くなったテープの早回しに合わせて歌うのがむなしくて、私たちは周囲の期待に手を握って応えることにも意味を見失っていた。そんな時に初めて共作した曲「何のために」は、今聴いても作曲者である彼のテナーが心にしみる。メロディーが先に生まれ、それに向けて私が書いた歌詞は、戦火の中で兵士が何のために死ぬのかと問いかけた。

その問いに呼応するかのように、すぐさまノリちゃんは自分のバンド、シューベルツを結成しリーダーになった。同時に生まれた曲「風」では、振り向いても風が吹いているだけだから、前を向いて歩いていこうと歌った。私は彼から、人生の意味は自分でつくり出すものだと教えられたものだ。

あれから数十年がたった。去年の春、何回めかの仲直りをし、コンサートで車椅子のノリちゃんと久しぶりに声を合わせた。その後半年余りで訃報を聞き、正に歌の通り、ただ風が吹いているだけになり、歌が合いすぎるよと声をあげて泣いたものだ。

ノリちゃん、お互いアーティストだから、良い時もあったし決裂もあったね。長い闘病生活、ご苦労様。意味を問いかける旅はとうとう終わったね。「何のために」を聴きながら、私の旅はまだしばらく続くよ。教えてほしいなあ。人は何のために生きて、何のために死ぬんやろ。

きたやまおさむ

二〇一八年一月

対談

心にも楽屋を

――潔く去っていかないために

きたやまおさむ
鴻上尚史

撮影：©TOWA

鴻上尚史（こうかみ・しょうじ）

作家・演出家．1958年，愛媛県生まれ．早稲田大学卒業．在学中に劇団「第三舞台」を旗揚げ．95年「スナフキンの手紙」で岸田國士戯曲賞，2010年「グローブ・ジャングル」で読売文学賞戯曲・シナリオ賞など，多数受賞．これまでプロデュース公演，劇団公演に限らず，多数の演劇公演の作・演出を手掛ける．演劇以外でも，エッセイスト，小説家，テレビ番組司会，ラジオ・パーソナリティ，映画監督など幅広く活動．著書に『「空気」と「世間」』『不死身の特攻兵 ―― 軍神はなぜ上官に反抗したか』（以上，講談社現代新書），『「空気」を読んでも従わない ―― 生き苦しさからラクになる』（岩波ジュニア新書），『鴻上尚史のほがらか人生相談 ―― 息苦しい「世間」を楽に生きる処方箋』（朝日新聞出版），『同調圧力 ―― 日本社会はなぜ息苦しいのか』（佐藤直樹氏との共著，講談社現代新書），『何とかならない時代の幸福論』（ブレイディみかこ氏との共著，朝日新聞出版），『親の期待に応えなくていい』（小学館 YouthBooks）など多数．

人生のための音楽、人生のための演劇

鴻上　僕、生まれて初めて買ったレコードが「帰って来たヨッパライ」だったんです。小学四年生のときです。ラジオで聴いて感動して。

愛媛県の新居浜(にいはま)市に住んでいたのですが、ドキドキしながらレコード屋に入って店主のおじさんに「レコード、ください！」と言った。そうしたら、そのおじさんは「うちはレコード屋だからレコードしかないね。大根はないよ」と(笑)。子どもも心に傷つきながら買って帰ってきました。いまでも、あのジャケットはすごく目に焼き付いていますよ。そのあと、(吉田)拓郎さんなどフォークを聴くようになるまでには、しばらく間がありました。なぜか「帰って来たヨッパライ」だけが飛び込んできたんです。

きたやまさんの『コブのない駱駝』を読ませてもらって、その理由がなんとなくわかる気がしました。この本は、僕がずっと考えてきたことを、学問的に説明してくれているように感じたんです。

きたやま　ありがとうございます。

鴻上　きたやまさんは以前、僕の番組(「熱中世代」BS朝日)に出ていただいたときにも「音楽のために人生があるのではなく、人生のための音楽をつくるんだ」とおっしゃっ

ていましたが、まったくその通りだと思います。実は、僕も「演劇のための人生」を生きてきたつもりはなく、「人生のための演劇」を続けてきたと思っているんですよ。

ユーチューブで見たんですが、大阪のコンサート（「プレミアムLIVE 君と歩いた青春」二〇〇九年九月四日）の楽屋風景で、南こうせつさんとかイルカさんたちといっしょに加藤和彦さんもいて。そこで加藤さんは「みんなね、超プロフェッショナルなアマチュアだから新鮮なんだよ」と言っていました。その発言も、僕の思い続けてきたことに似ているし、きたやまさんの言っていることにも重なると感じました。

きたやま　確か、加藤が亡くなる一カ月ぐらい前のコンサートだね。

鴻上　これとは別に、亡くなる直前に加藤さんが参加した「最後の公開ステージ」（「サマーピクニックフォーエバー in つま恋」二〇〇九年九月二〇日）の映像もありました。このコンサートには坂崎幸之助さんも参加していて、加藤さんの様子に「少し元気がないような感じがした」と発言しています。

きたやま　加藤は昔のことを語ったり、昔の歌を歌ったりするのをすごく嫌がる人間でした。常に新しいことをやって、前へ前へと進むことで自分を盛り上げる。なのに、亡くなる少し前から、昔の歌なども昔のアレンジのまま歌うようになり、そのことを周辺は「おかしいと感じていた」と言っていましたね。新しいことを試みている限りは元気だった。でも、昔のことをやらなければならないとなると、とたんに腐りかけて「アイデアが浮かばない」「つまらない」となってしまいましたね。

そんな加藤が、亡くなる一、二年前から、昔のことを機嫌よくやるようになったんです。しかし、それは彼のポリシーに反することだったし、この頃からすでに、加藤に何か異変が生じていたんじゃないかな。私には「生きやすくなった」とも言っていましたが、でも、いまになって思えば、心の片隅ではずっと不愉快だったのかもしれませんね。

鴻上　加藤さんの中で、その分裂がより先鋭化していったんでしょうね。

きたやま　人生という劇場の中で、ある役割を押し付けられてしまい、それだけを演じなければならないと思い込んでしまって本当に苦しくなる人たちがいます。近すぎるところから見て、加藤の場合もそうだったのかもしれません。

楽屋が失われやすい現代

鴻上　きたやまさんは本の中で、人生には楽屋が必要なんだ、とおっしゃっていますね。人間には撤退できる「裏」の部分が必要で、人前に出ている「表」だけだと苦しくなると。本当によくわかります。加藤さんの場合、パートナーの安井かずみさんは楽屋のような存在でもあった。でも、その安井さんが先に亡くなってしまい、加藤さんは楽屋を失ってしまったということなんでしょうか。

きたやま　彼はスターでしたから、まず舞台で輝くことが必要だったのでしょう。安井さんは、楽屋からいっしょに舞台に上がってくれる絶好のパートナーでした。と同時に、いっしょに楽屋にも戻っていける存在でもあった。でも、安井さんが亡くなって、「表」しかなくなってしまった。私たちの前では、加藤は素顔になれなかったなあ。楽屋を失ってしまったんですね。彼といっしょに舞台に上がりながら、楽屋でも共にいられる「女優」のような人がいてくれたらとは思うけど、でも、それは簡単にはありえないことですよね。

鴻上　美意識が強かったですからね。単に楽屋になってくれるだけでは納得できなかったんでしょうね。

きたやま　安井さんは「表」でも「裏」でも輝いていた〝大女優〟でしたから。

鴻上　高級レストランにいっしょに行っても恥ずかしくないような、「表」でも輝いていて、同時に楽屋もあずかってくれるような役割を一人の人間に求めるのは難しいですね。

きたやま　ありえないと思う。私なんか「お前はワインの味がわからない」とボロクソに言われてましたから。私ていどでは、彼のお眼鏡には叶わなかったのでしょう。

鴻上　加藤さんときたやまさんは、濃密な時期と疎遠な時期が両方あったのですか。

きたやま　私も含め、安井かずみさんに加藤をとられてしまったという気分でしたよ(笑)。「帰って来たヨッパライ」などを加藤とつくってきた作詞家の松山猛なんかも一時期は遠ざけられたと感じたそうです。なにせ、安井さんという大作詞家がパートナーとなったわけですから。仕事も遊びも生活も共にできるパートナーが現れたとき、彼は一番、自分から見ても輝いていたのではないでしょうか。私たちともそういう瞬間はありましたが。

鴻上　加藤さんは舞台でも輝けなくなり、そのことでも苦しんだのでしょうか。

きたやま　ゴングが鳴ってリングに上がり、リング上で輝いていた人が、リングを降りても素顔に戻れない。そういうことはよくあります。侍は素顔に戻ったときも、侍でなければならないと考えてしまう。だから、簡単な話ではないようです。

これは一般論ですが、誰でも年をとります。髪の毛が薄くなったり、歯が抜けたり、しわが増えたり、体力がなくなってきたりする。人間としては自然なことですが、ステージとあまりに落差が大きいと、みじめに感じてしまい、さらに楽屋でも孤独になってしまう。だから、そうした部分も含めて共有してもらえる他者と、素顔に戻ることができる楽屋が必要なんです。

楽屋を失ってしまうと素顔に戻り裸になれるところがなくなり、すべてが舞台の上になってしまう。みんなに見られている、という感覚にとらわれやすくなる。いま、世の中はどんどん劇場化していますし、普段よりも同調圧力も強まっています。楽屋が失われやすい世の中になってきているのではないでしょうか。

鴻上　そうすると加藤さんは、輝くことができる舞台が失われてしまうという予感に襲われて苦しんだというわけではないと。

きたやま　もちろん私にはすべては見えていないですが、楽屋でも若く輝くことを望んだのではないでしょうかね。しかし私には同時に、その潔さにあこがれる自分もいるのです。

鴻上　確かに、いまヒット曲がなかったとしても加藤さんはリスペクトされていましたから。木村カエラちゃんが入って、一時期、サディスティック・ミカ・バンドが復活したときがありましたが、彼女のイギリス人のおじいちゃんがそのことを知り、驚いてメールしてきたという話もあるぐらいです。それぐらいのステータスを保っていましたね。

きたやま　でも、目に見える部分でその輝きを維持していくのは難しいですよね。楽屋でも輝き続けているわけにはいかないですから。「転がる石は苔むさず」がモットーであるる加藤としては、ロックンローラーが老いていくことも、すごく嘆いていましたね。

「表」と「裏」の落差を楽しめるか

きたやま　私も加藤も「帰って来たヨッパライ」でデビューしました。もともと売れる、売れないということを意識して歌をつくったわけではない。アマチュアのときの目の前にいるファンである「あなた」のために歌をつくり、遊びで歌ってきたのです。ラブレターみたいなものですよ。このラブレターが、たまたま日本中の人が喜んでくれるものだったという関係です。

つまり、ここでのクリエイティビティは一対マスのものではなく、一対一の二者関係を基本にしているのです。みんなのためにつくったのではなく、たまたま、みんなが喜んでくれた。ところが、それが売れると今度は、みんなが喜んでくれるものをつくろうとして、新しいマスのクリエイティビティの中に放りこまれてしまう。加藤は遊びながらそれを試みて前へ進んできたんだけど、最後は遊びに戻ることがうまくいかなかったんだと思う。

鴻上　加藤さんの試みは、かなり長い間、成功していましたよね。でも最後まで、多くの人を喜ばせるためにはどうしたらいいかと意識し続けていたんでしょうね。

きたやま　意識というよりは、彼にとってはそのことが絶対だったのでしょう。

鴻上　でも、「帰って来たヨッパライ」のときには、そんな大きな野望はなかったわけでしょ。

きたやま　そうです。「帰って来たヨッパライ」が関西で火が点いて大手からレコードが発売されることになったとき、五万枚ぐらいは売れるかと考えていた。それが、東京でも大ヒットして一〇〇万枚ぐらいいけるのではという話になってきた。それぐらいのときに、加藤は大きくイメージチェンジをはかっています。アマチュア時代には眼鏡をかけていて、けっして大変なおしゃれとはいえなかった。ところが、デビュー写真を撮影する際には、眼鏡もやめて長髪にしていました。このときに、加藤は世界に対して自分という外向きの役割をつくったんだと思うな。それをずっと維持し続けるのは大変だったと思うよ。そのことを考えると悲しくなりますが。

鴻上　加藤さんにとって、それはなりたい自分だったのでしょうか。

きたやま　スポットライトを浴びると快感が得られるじゃないですか。でも、そこに焦点を合わせて、「格好つけた自分」を実人生化しようとすると無理が生じますね。

鴻上　少し無理しているはずが、やがてそれが自分自身だという認識になってしまう。

きたやま　なにも芸能人に限った話ではなく、一般の人にも起こることです。若いときの成功体験が基準となり、それを維持しようとして実人生を犠牲にしてしまう。大みそかにミカンを食べて紅白歌合戦を観ているというような、実人生での喜びがみじめで、つまらなく思えてしまう。

鴻上　仮に治療がうまくいき、クリエイティビティが回復してミリオンセラーを出すことができたとしても、それでも楽屋がなければ苦しかったということですよね。

きたやま　そうですね。「表」と「裏」の落差を、むしろ楽しむぐらいでないと、いまの劇場化した世の中を生きていくことは難しいですよね。普段は地味な生活を送りながら、ときどき、舞台に上がって楽しんで帰ってくるというのも面白いですよ。

鴻上　でも、それができるきたやまさんは、うらやましいですよ。この本の中でも「日曜音楽家」などと言っていますよね。いまSNSなどでしか自己承認欲求が満たされないような人たちにとっては、きたやまさんのように輝かしく承認される場があるというのは、うらやましいと思われるでしょう。

きたやま　でも、それを手に入れるために、ものすごく苦労しましたから。

鴻上　そう言えることが、すごくいいですね。SNSで自己承認欲求を満たそうとして、簡単に悪口ばかりを言ってしまう人たちは、そこの部分がない。安易に主張できる場で、安易な主張をして自己承認欲求を満たそうとする。

きたやま　しかも、ゼロか一〇〇かの思考しかない人が多いのではないでしょうか。認められるか、認められないか、と。私たちは三〇人を相手にコンサートをしたり、一〇〇人に向けてレコードをつくったりして、それがたまたま売れた。この三〇人、一〇〇人が原点だということを忘れてはいけないと思うんだよね。

鴻上　大賛成です。

きたやま　だから、この三〇人、一〇〇人にものすごく感謝しています。それに、医学部に戻って医者になっていく一〇年間、二〇年間は、本にも書いていないような苦労がたくさんありました。でも、そのときに、家族や友人、知人、つまり私たちを支えてくれた楽屋担当の人たちは、本当に得難い存在です。

演じながらマネージメントもする

鴻上　きたやまさんたちがデビューするとき、ビートルズにおけるブライアン・エプスタインのようなマネージャーを探そうという意識はなかったのですか。

きたやま　なかったですね。あの当時は、そんなことを理解してくれる人はいませんでしたから。それに、私にもプライドがありましたから。僕のつくったレコードだという。私が資金を集めて、私がプロデュースしたわけですから。それで、一年だけプロでやってみようと。そのマネージメントは人には譲れなかったですね。

鴻上　確かに、言われたほうも一年だけということでは無理かもしれませんね。それに、あの当時は、アーティストが「この番組には出たくない」と言っても、本人たちのクリエイティビティを尊重して、それを許すようなマネージャーはいなかったでしょうね。

きたやま　いない、いない、いない。おっしゃるとおりですよ。私たちは、はっきり言って、ポッと出の芸能人でした。当時の大スターだった歌手に、楽屋で「頭(ず)が高い！」と湯呑茶碗を投げられたこともありましたから(笑)。「イムジン河」が発売中止になったときも、ある女優が「あんな奴らに偉そうな顔されてたまるか」と喜んでいましたよ。そんな時代で前例がなかったから、セルフ・マネージメントするしかなかったのです。

鴻上　そうか。でも、「帰って来たヨッパライ」は二八〇万枚も売れて、数の力で社会を変革できたんですね。

きたやま　社会が変わったかどうかはわからないねえ。

鴻上　いや、変わったでしょう。流通も変わったし、自分たちで歌やレコードをつくるというようにシステムも変えたじゃないですか。

きたやま　確かにそうかもしれないね。

鴻上　こうした変化も、目に見えたことが大きかったんじゃないでしょうか。人間は目に見えることで、初めて、その意義を理解できることもあると思います。最近、アメリカでは黒人で女性のカマラ・ハリスさんが副大統領に就任しましたが、それを目にしなければ、「黒人の女性でも副大統領になれるんだ」ということをイメージできない。実際に起こることで、変革の意義が理解できるということもあると思うんです。想像するだけではなかなか難しい。

きたやま　確かに、私たちがそういうやり方やルートを示したから、後から出てきた人がやりやすくなったわけですよね。でも、私たちの場合は、成功例がない中で始めたから、面白がっていた半面、たくさん苦労し傷つきましたね。

鴻上　パイオニアはいかにしんどいか。

きたやま　だから、良いマネージャーに任せれば、もっと効率よくいっていたかもしれない。でも私は、プレイング・マネージャーも面白いよ、と言いたいんだな。出演しながらマネージメントするということが。ビートルズもそれを目指していたし。この本も、プレイング・マネージメントの面白さであり、その葛藤の話なんでしょう。マネージメントやプロデュースをすべて他人に渡して、単なる出演者になってしまっては面白くない。生き方としてはつまらないんじゃないかな。でも、あの時代だったから、可能だったのかもしれないね。きちんとしたシステムがない中で、私たちを含め、マスメディア自体がやりながら学んでいったんでしょうね。

鴻上　でも、プレイング・マネージャーをやると、ますます楽屋から遠ざかりませんか。

きたやま　いやいや、逆に、マネージメントをすべて誰かに委ねてしまうと、どこからどこまでが舞台で楽屋なのか、わからなくなってしまうのではないでしょうか。それに、普通の人の人生にマネージャーはいないわけですから。自分である程度のスケジュールを把握して管理しているからこそ、現実感覚を維持できて、いつ楽屋に戻るかも理解できるんです。特に人生のマネージメントでは。

鴻上　なるほど。プレイング・マネージャーのほうが実人生に近いんですね。

「心の台本」を読む

きたやま　それに、私たちの場合、歌だったからそうしたこともできたんでしょうね。歌は三、四分もたせればいいわけだから。演劇や映画だったら多くの人が関わることにもなるし、いったん始めたら簡単にはやめられない。歌は「三分間芸術」だから、やめやすい。音楽には魔法があると思う。ギターを弾いてリズムを奏でれば、とたんにそこが劇場になってしまうわけですから。

鴻上　それは圧倒的に音楽の力ですよね。演劇でも、ミュージカルが一番、人を集められる。たとえば「死にたい」というのを通常の演劇のセリフで延々とやっていると、とても聞いていられない。でも、ミュージカルで歌にすると、急にポジティブに感じるんです。聴けるんです。音楽の魔法ですね。

きたやま　自分で歌をつくって演奏して、レコードまで自分でつくる。こんな面白いことはないと思ったんだよね。スイッチを切れば元に戻れるわけだから。

鴻上　ところが、いまの若い俳優たちは楽屋でスマホを見るから、楽屋でも舞台とつながっちゃうんです。本来なら、楽屋は情報を完全にシャットダウンすべき場所だと思うんです。ところが、スマホを見てしまうと、さっきの舞台の感想を簡単に次から次へと知ってしまう。これはしんどいですよ。

きたやま　感想をチェックし始めて、それが気になって眠れなくなって、いつまでも舞台から降りられなくなってしまう。加藤のこととも重なりますね。そこのメリハリをつけるためには、楽屋自体も充実している必要があるのでしょう。

鴻上　「充実した楽屋」(笑)。しかし、それを手に入れるのは本当に大変ですよね。

きたやま　実人生を見つけるための専門家がカウンセラーであり、精神科医なんですよ。

鴻上　なるほど。「充実した楽屋」を提供できるパートナーを見つける旅に出て痛い目に遭うぐらいなら、精神科やカウンセラーのところに行きなさいと。きたやまさんは本の中で、精神科医のライバルは新興宗教だと言っていますね。素晴らしい考えです。

きたやま　どこかに行けば、必ず「充実した楽屋」が手に入れられると誘惑するのではなく、充実は難しいかもしれないけど、いまいるこの場で「楽屋」を実現しようという提案なのです。あるいは、舞台から降りられないのなら、どうやって降りるかをいっしょに考えようと。舞台には必ず台本があります。同じように、心にも台本があるのです。だから、この「心の台本」を読めば、どうやって降りるかを考えることができるかもしれません。

つまり、私たちの暮らしている劇場化された世の中は、実は台本がすでにつくられているのです。私たちは小さい頃から、「こうしたらニコッと笑うもんだ」「こうしたらこう反応するんだ」と何度も繰り返しやらされている。だから、まず「心の台本」があることを知り、それがどんな中身なのかを読んでみることで、降りるタイミングをつかむことができるかもしれないんです。

鴻上　なるほど。自分の行動が台本によるものだということがわかれば、距離をとって台本を眺めることもできるので、降りられる可能性も出てくるということですね。

きたやま　その台本は、乳幼児期などのかなり早い段階で両親などを相手にして書かれてしまっている場合が多い。しかも、この世の中は、「夕鶴」の鶴が傷ついて去っていかなければならないような悲劇的な台本に満ちているんですよ。これを知らず知らずのうちに、私たちは演じさせられているのです。SNSで誰かに誹謗中傷されたりすると、とたんに悲劇の台本と舞台がスタートする。だから、その台本の存在を理解して読めば、降りられるかもしれない。

でも、難しいのは、多くの場合、この台本を自分では読めない。自分がどんな役割を演じさせられているかはわからない。だって、自分の性格を理解することは簡単にはできないじゃないですか。自分の姿を映してくれる鏡はあっても、自分の心の中や人生そのものを映してくれる鏡はありませんよね。だから、それを見せてくれる他者を見つけたほうがいいし、その他者は心の専門家であったほうがいいと思うんです。

鴻上　なるほど、そうですね。

きたやま　人の人生の台本を読みとってあげるのが、精神分析的セラピストの仕事だと思っています。台本を読むことができたら、「台本はこうなっているのか」「でも、ここはこうしたほうがいいのかな」などと読みながら、演じていくことが大切だと思います。「人生は演劇である」という思想は一見、空しい思想に聞こえるかもしれません。でも、より良い人生物語にしていくという考えをもつことができるのなら、やってみる価値はあると思うね。

精神分析的治療者は「心の楽屋」を売るのが仕事

鴻上　きたやまさんの専門は精神分析ですよね。精神分析家と精神科医は違うものなんですか。

きたやま　違います。精神分析的な考えをもつ者は、心の無意識の部分を読んで分析する。つまり心の内側を主に扱うわけです。一方、いまの多くの精神科医は、うつ病や統合失調症といった病名を診断して、主に薬物を処方して治療し、症状を改善し、生活指導を行うなどします。精神科医は現在、少なからず薬物療法が中心になってきていますね。

　そういう類型診断と統計に基づく治療方針に対して、個別的な人生とその心の「裏」をどうするか、という部分は精神分析や深層心理学が扱うことになります。フロイトが医者であったように、これまでは、こうした分野も医者が担ってきましたが、いまは分化してきています。身体のほうは精神科医で、心についてはサイコロジストと呼ばれる心理士が扱うという役割分担も部分的には進んできています。

鴻上　いま、精神を病んで相談したいという人が増えており、クリニックの予約もとりにくいと聞きます。僕は雑誌で人生相談をやっているんですが、相談内容を読んでいると明らかに症状として精神科医やメンタルヘルスに行ったほうがいいというものもあります。なので、そう返事をすると、何カ月も先まで予約で埋まっていて診てもらうことが難しいという話も聞きます。

きたやま　そうですね。混んでいる医者などは一日に何十人も診察することになります。「三分間診療」という有名な言葉もあるぐらいで、一人当たり二、三分しかかけられないこともある。でも、他人の人生とその心を扱う場合は、そういうわけにはいかないですよね。だから、患者さんの話をよく聴いてくれるお医者さんは混んでしまう。特に、サイコロジストが話を聞いて、なおかつ医者が診察もできるというクリニックなども混んでいるでしょうね。

鴻上　なるほど。並行してサイコロジストが話を聞いて、その内容によって、医師資格のある院長さんなどが「この場合は薬を出そう」と判断する。

きたやま　そうです。そういう分担の形式もありますし、精神科医が身体よりも心を診ることもある。私は、精神分析的な治療者の仕事は、「心の楽屋」という時間や空間を売っていますよ、ということだと考えています。

鴻上　それはいいキャッチフレーズですね。

きたやま　もう一つ大切なのは、私たちにとってもはけ口がないと困るということです。私が不愉快に思っていると、それを患者さんにぶつけてしまうかもしれない。そういうことがあってはならないので、私にも楽屋がなければならない。

鴻上　きたやまさんにとっての楽屋はどこなんですか。

きたやま　たとえば、この場も楽屋です。今回のような対談やインタビューなどで言いたいことを言ったり。これは普通の人には、なかなかないことかもしれませんね。

鴻上　でも、これもまた原稿を校正するから、すぐに「表」になってしまいますよね(笑)。

きたやま　そうなんだよ。だから、本当は編集しないで、そのまま私の言っていることを放り投げたいんだけどね(笑)。

鴻上　いやあ、校正は本当につらい(笑)。

きたやま　自分に合ったカウンセラーをどう見つけるか、という話もしておきましょう。書店に行くと臨床心理学などの本がいっぱいあります。そこに書いてあることを参考にして、この人やこういう考えなら私の人生を読んでもらいやすいと思ったら、そこに行けばいい。あるいは、お仲間を紹介してもらってもいい。それがまず一つ目。

　また、みなさん病気になれば内科や外科などに行くと思います。内科医や外科医には、精神科医になった同級生もいます。自分の人生を託すためには、その精神科医自身もより良い人生を送っていたほうがいいはず。そうすると、そういう精神科医には内科医や外科医などにもいい友だちがいるはずです。だから、内科医や外科医に「いい精神科医を知らないか」と聞いてみるのも、もう一つの方法です。

鴻上　確かに。人生相談には「いきなり薬を処方された」なんて声も届きます。

きたやま　最初に、「カウンセリングや心理療法をやってくれますか」と尋ねることも必要でしょうね。そうやって、自分の人生を託す相手を見つけてほしいですね。

居座る夕鶴がもたらすもの

鴻上　最後にきたやまさんにお願いがあるんです。この本の中にも書かれている「居座る夕鶴」の物語を舞台にしたいと思っているんです。僕の構想の中では、つうが与ひょうと結婚して子どもも生まれている。子どもは鶴にも人間にもなれるんだけど、学校の同級生からは「お前は鶴なのか、人間なのか、はっきりしろ」といじめられる。こんな物語を構想しているんですけど。舞台にするときには、きたやまさんの「原案」というわけではありませんから、「スペシャル・サンクス・トゥ」という形になりますかね。

きたやま　ありがとうございます(笑)。与ひょうを変えられるのは、居座る夕鶴なんですよ。恥ずかしいと言って去っていっては、与ひょうが変わるチャンスがなくなってしまう。つうが居座ることで、与ひょうも考え始めると思うんだよね。

鴻上　出だしの設定もすでに考えているんですよ。つうが去ったあと、与ひょうは村人たちに「あいつは鶴だったのか、お前はだまされていたんだ」と散々言われる。「お前、助かってよかったじゃないか。金もとられなかったし」と。しかし、与ひょうには自己嫌悪の気持ちも出てきて、自分を責め始めるんです。そうして夜、ふと顔を上げると、つうが立っている。「とうとう幻覚を見るようになったか」と思い始めると、つうが「やめた、去るのをやめた」と言って、ドカッと居座る。こんな場面から始まるんです(笑)。

きたやま なるほどね。そうすると与ひょうに罪悪感が生まれるわけだね。罪悪感がない限り変わらないというのは、そうかもしれないね。

鴻上 これをぜひやりたいと思っているんです。

きたやま 楽しみにしていますよ(笑)。

二〇二一年二月二二日　北山精神文化研究所にて

本書は二〇一六年一一月、岩波書店より刊行された。

コブのない駱駝──きたやまおさむ「心」の軌跡

2021年6月15日　第1刷発行
2024年4月15日　第2刷発行

著　者　きたやまおさむ

発行者　坂本政謙

発行所　株式会社 岩波書店
〒101-8002 東京都千代田区一ツ橋2-5-5

案内 03-5210-4000　営業部 03-5210-4111
https://www.iwanami.co.jp/

印刷・精興社　製本・中永製本

ISBN 978-4-00-602337-9　Printed in Japan
JASRAC 出 2102773-402

岩波現代文庫創刊二〇年に際して

二一世紀が始まってからすでに二〇年が経とうとしています。この間のグローバル化の急激な進行は世界のあり方を大きく変えました。世界規模で経済や情報の結びつきが強まるとともに、国境を越えた人の移動は日常の光景となり、今やどこに住んでいても、私たちの暮らしは世界中の様々な出来事と無関係ではいられません。しかし、グローバル化の中で否応なくもたらされる「他者」との出会いや交流は、新たな文化や価値観だけではなく、摩擦や衝突、そしてしばしば憎悪までをも生み出しています。グローバル化にともなう副作用は、その恩恵を遥かにこえていると言わざるを得ません。

今私たちに求められているのは、国内、国外にかかわらず、異なる歴史や経験、文化を持つ「他者」と向き合い、よりよい関係を結び直してゆくための想像力、構想力ではないでしょうか。

新世紀の到来を目前にした二〇〇〇年一月に創刊された岩波現代文庫は、この二〇年を通して、哲学や歴史、経済、自然科学から、小説やエッセイ、ルポルタージュにいたるまで幅広いジャンルの書目を刊行してきました。一〇〇〇点を超える書目には、人類が直面してきた様々な課題と、試行錯誤の営みが刻まれています。読書を通した過去の「他者」との出会いから得られる知識や経験は、私たちがよりよい社会を作り上げてゆくために大きな示唆を与えてくれるはずです。

一冊の本が世界を変える大きな力を持つことを信じ、岩波現代文庫はこれからもさらなるラインナップの充実をめざしてゆきます。

（二〇二〇年一月）